CB065726

ARROZ
IRRESISTÍVEL

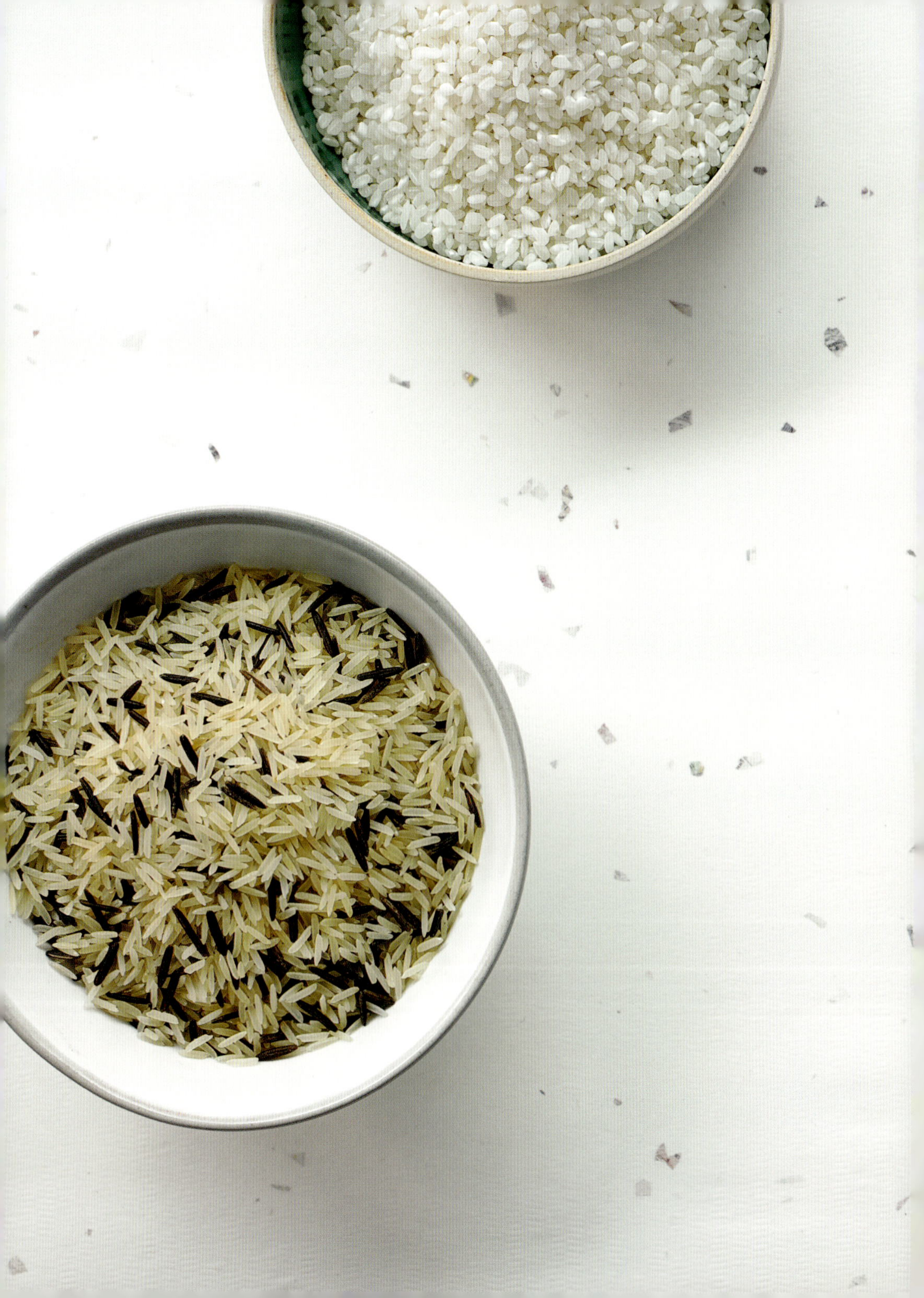

ARROZ
IRRESISTÍVEL

Mais de 70 receitas deliciosas doces
e salgadas, para todas as ocasiões

Receitas de Emily Kydd
Fotos de Alex Luck

PubliFolha

Título original: Posh Rice

Publicado originalmente na Grã-Bretanha em 2017 por Quadrille Publishing Limited, um selo da Hardie Grant, Pentagon House, 52-54 Southwark Street, SE1 1UN, Londres, Inglaterra.

Copyright do texto © 2017 Quadrille Publishing Limited
Copyright das fotos © 2017 Alex Luck
Copyright do projeto gráfico © 2017 Quadrille Publishing Limited
Copyright © 2017 Publifolha Editora Ltda.

Todos os direitos reservados. Nenhuma parte desta obra pode ser reproduzida, arquivada ou transmitida de nenhuma forma ou por nenhum meio sem a permissão expressa e por escrito da Publifolha Editora Ltda.

Proibida a comercialização fora do território brasileiro.

Coordenação do projeto: Publifolha
Editora-assistente: Fabiana Grazioli Medina
Coordenadora de produção gráfica: Mariana Mendieri
Produtora gráfica: Samantha R. Monteiro

Produção editorial: A2
Coordenação: Sandra R. F. Espilotro
Tradução: Gabriela Erbetta
Consultoria culinária: Luana Budel
Preparação de texto: Carla Fortino
Revisão: Maria A. Medeiros, Carmen T. S. Costa

Edição original: Quadrille Publishing Limited
Diretora editorial: Sarah Lavelle
Diretora de criação: Helen Lewis
Editora de texto: Corinne Masciocchi
Assistente editorial: Harriet Butt
Designer da série: Gemma Hayden
Redação e produção culinária: Emily Kydd
Fotos: Alex Luck
Produção de objetos: Alexander Breeze
Produção: Vincent Smith, Tom Moore

Nota do editor

Apesar de todos os cuidados tomados na elaboração das receitas deste livro, a editora não se responsabiliza por erros ou omissões decorrentes da preparação dos pratos.

Pessoas com restrições alimentares, grávidas e lactantes devem consultar um médico especialista sobre os ingredientes de cada receita antes de prepará-la.

As fotos deste livro podem conter acompanhamentos ou ingredientes meramente ilustrativos.

Observações, exceto se orientado de outra forma:
Use sempre ingredientes frescos.
O forno deve ser preaquecido na temperatura indicada na receita.

Equivalência de medidas:
1 colher (chá) = 5 ml
1 colher (sopa) = 15 ml
1 xícara (chá) = 250 ml

Nas listas de ingredientes, as indicações entre colchetes correspondem à consultoria culinária específica para a edição brasileira.

Abreviaturas: col. (colher) / cols. (colheres)

Dados Internacionais de Catalogação na Publicação (CIP)
(Câmara Brasileira do Livro, SP, Brasil)

Kydd, Emily
 Arroz irresistível : mais de 70 receitas deliciosas doces e salgadas, para todas as ocasiões / Emily Kydd ; fotos de Alex Luck ; (tradução Gabriela Erbetta). -- São Paulo : Publifolha, 2017.

 Título original: Posh rice.
 ISBN 978-85-68084-94-8

 1. Arroz (Culinária) 2. Receitas I. Luck, Alex. II. Título.

17-06073   CDD-641.6

Índices para catálogo sistemático:
1. Arroz : Culinária : Economia doméstica 641.6

Este livro segue as regras do Acordo Ortográfico da Língua Portuguesa (1990), em vigor desde 1º de janeiro de 2009.

Impresso na China.

PubliFolha
Divisão de Publicações do Grupo Folha
Al. Barão de Limeira, 401, 6º andar
CEP 01202-900, São Paulo, SP
www.publifolha.com.br

SUMÁRIO

6
Introdução

9
Tipos de arroz e cozimento

16
Saladas e bowls

42
Sopas e petiscos

66
Pratos principais

122
Acompanhamentos

148
Sobremesas e guloseimas

172
Índice

ARROZ IRRESISTÍVEL
★
INTRODUÇÃO

Arroz – esse cereal simples representa a alimentação básica de mais da metade da população mundial. E isso não é de admirar, dada a combinação de alto valor nutritivo, preço acessível, facilidade de preparo e versatilidade extraordinária.

Embora seja um ótimo acompanhamento em qualquer refeição, o arroz não precisa ficar relegado ao papel de coadjuvante. É hora de olhar com um pouco mais de criatividade para aquele pacote de arroz em sua despensa e elevá-lo à condição de estrela. Seja como petisco saboroso no Bolinho indiano pakora de arroz (p. 52), seja como salada no Arroz preto mexicano (p. 32), seja como prato principal no Arroz jambalaya (p. 73), essa compilação de mais de 70 receitas comprova o verdadeiro potencial do grão.

Existe um número enorme de variedades diferentes de arroz cultivado (a semente de uma gramínea) – cerca de 40 mil no total. Na maior parte dos mercados, você encontrará três categorias básicas: arroz de grãos curtos, médios e longos, embora dentro de cada uma haja outras variações, como branco, integral, vermelho, glutinoso, e assim por diante.

A categoria de grãos longos inclui o basmati e o jasmim, compridos e finos – quando cozidos, ficam leves, fofos e separados. Exemplos de grãos médios são o arbório, o carnaroli e o bomba; mais curtos e arredondados, absorvem cerca de duas vezes mais líquido em relação aos grãos longos e ficam levemente grudentos quando cozidos. Por fim, os grãos curtos são mais redondos e roliços, como nas variedades para sobremesa e para sushi, úmidos e grudentos depois de cozidos.

Os benefícios do arroz para a saúde são inúmeros. Ele tem baixas quantidades de calorias e gordura, mas é uma boa fonte de nutrientes essenciais. Alguns tipos, principalmente as variedades integrais, são ricos em proteínas, fibras e antioxidantes. O arroz integral é o menos processado – mesmo sem a casca, mantém as camadas de gérmen, que contribuem para incrementar o valor nutritivo. Na produção do arroz branco, o gérmen é removido na moagem.

Apesar de as embalagens exibirem um prazo de validade de meses ou anos, os orientais consideram que grãos frescos são melhores, e o produto de safras novas tem preço alto. Acredita-se que os aromas se perdem com o tempo e que isso afeta o gosto do arroz. Por outro lado, safras excepcionais do basmati são envelhecidas, para que o sabor se intensifique, e vendidas como "vintage", com valor correspondente.

O cozimento por absorção é considerado o melhor método de preparo do arroz. Basta despejar água fervente até cobrir os grãos em cerca de 1 cm, tampar, abaixar o fogo para o mínimo e cozinhar até que o líquido seja absorvido e o arroz esteja quase cozido. Apague o fogo e finalize o cozimento nesse vapor, com a panela ainda tampada. Dessa maneira, os grãos ficam soltos e fofos.

Infelizmente, não existe uma regra geral para a proporção de água ou para os tempos de cozimento, mas geralmente você precisa de 1½ porção de líquido para 1 de arroz; um pouco mais para a variedade integral, porque demora mais para cozinhar, e um pouco menos para grãos curtos. Na dúvida, use menos, porque sempre é possível acrescentar mais, se necessário – afinal, ninguém quer ficar com o arroz empapado. Junte sal na panela, pois temperar ajuda a ressaltar o sabor.

Se você demolhar os grãos antes, pode usar menos água e cozinhar mais rápido. Tendo tempo, o melhor é deixar o arroz de molho durante a noite – mas mesmo 15 minutos já tornam o grão mais digerível.

Algumas coisas devem ser levadas em conta no que diz respeito à segurança alimentar. Quando deixado em temperatura ambiente por um longo período, o arroz cozido pode desenvolver bactérias prejudiciais à saúde. Se não for consumir imediatamente, evite que isso aconteça resfriando-o o mais rápido possível: espalhar uma camada fina em uma assadeira ou lavar sob água corrente são boas ideias. Assim que os grãos estiverem em temperatura ambiente, tampe e leve à geladeira. É possível guardar por dois dias e comer frio ou reaquecido. Outra maneira é congelar o arroz cozido: descongele na geladeira e esquente bem na hora de comer. E não esqueça: nunca reaqueça o arroz mais de uma vez.

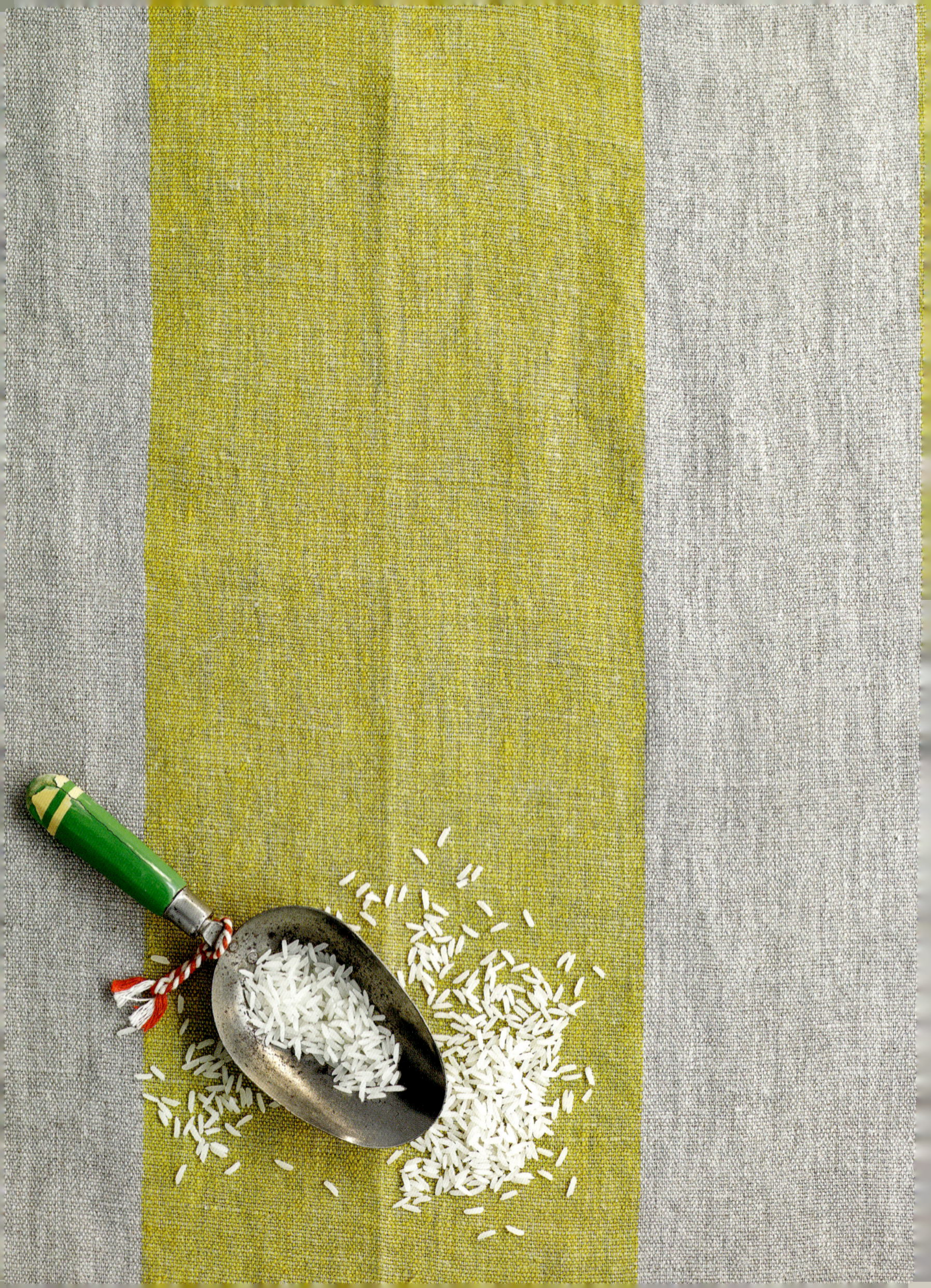

TIPOS DE ARROZ E
COZIMENTO

Arroz para sobremesa
Não é exatamente um tipo específico, e sim grãos brancos e curtos vendidos como uma variedade "para sobremesa". O termo raramente é utilizado fora do Reino Unido. Quando cozido em água ou leite, fica grudento e cremoso. Por ter grãos muito absorventes, durante o cozimento é preciso usar uma pequena quantidade de arroz em relação ao líquido.

Arroz glutinoso
Variedade de grãos médios para longos, cultivada no Sudeste e no Leste da Ásia. Não contém glúten – o nome refere-se à qualidade grudenta do arroz cozido, que pode ser facilmente modelado em bolinhos. Antes do cozimento, de preferência no vapor, é melhor demolhar em água fria por pelo menos 3 horas (ou durante a noite, de preferência).

Arroz glutinoso preto
Arroz integral (sem remoção do gérmen) de cor preta-arroxeada e textura consistente. Como outros grãos integrais, demora mais que os brancos para cozinhar.

Arroz arbório
Tipo mais conhecido para o preparo de risotos (e também usado em sobremesas), esse grão médio e roliço do Piemonte, região no norte da Itália, tem grande quantidade de amido – por isso fica deliciosamente cremoso quando cozido. Para o risoto, deve estar *al dente*, com o centro ainda firme, ou não se aproveitará o melhor dele. Se cozido demais, torna-se molengo como um mingau.

Arroz carnaroli
É um grão médio italiano também usado para fazer risotos e sobremesas. Tem maior quantidade de amido e textura mais firme do que o arbório – por isso mantém melhor o formato quando cozido e pode até passar um pouco do ponto.

Arroz basmati branco
Essa variedade aromática de grãos longos e finos cultivada aos pés do Himalaia é considerada uma das melhores entre os tipos de arroz branco. Tem aroma amendoado, que lembra a folha de pandano, e, depois de cozidos, os grãos ficam soltos, leves e fofos. É muito usado nas culinárias indiana, paquistanesa e do Oriente Médio.

Arroz basmati integral
É mais amendoado, tem textura mais firme e é mais rico em nutrientes do que o basmati branco. A casca é removida, mas o arroz ainda mantém as camadas de gérmen intactas – para se obter o basmati branco, as camadas de gérmen são retiradas por um processo de moagem.

Arroz para paella
Novamente, não se trata de uma variedade, mas do nome usado para os tipos de arroz adequados ao preparo da paella. Os espanhóis bomba e calasparra são os reis do gênero – e estão entre os mais caros. Os grãos médios de cor perolada têm a capacidade de absorver grande quantidade de líquido e, portanto, realmente adquirem o sabor do caldo em que são cozidos.

Arroz agulhinha
Tipo de arroz extremamente versátil, popular no mundo inteiro. O grão é cerca de quatro a cinco vezes mais comprido que largo. Muitas variedades são cultivadas na América e vendidas nas formas comum ou parboilizada.

Arroz agulhinha integral
Tem sabor amendoado e textura um pouco consistente. Apenas a casca é removida durante a moagem; por manter o gérmen, esse arroz é mais rico em fibras, vitaminas e minerais. Por isso, demora mais para cozinhar do que os grãos brancos.

Arroz jasmim branco
Grão longo, também conhecido como arroz tailandês aromático ou jasmine. Na verdade, não tem sabor ou perfume de jasmim, mas fica com um sutil aroma floral depois de cozido. Como o perfume se dissipa com o tempo, as colheitas novas são muito valorizadas. Os grãos são levemente grudentos; se preparar em frituras, cozinhe, resfrie e mantenha o arroz na geladeira por toda a noite antes de usar.

Arroz jasmim integral
Mantém a camada de gérmen e apresenta um delicado aroma floral, leve sabor de aveia e textura firme. Como outras variedades integrais, é mais rico em fibras e nutrientes do que a versão branca. Use em qualquer receita que peça o arroz branco, mas cozinhe por um pouco mais de tempo. [Não é encontrado com facilidade no Brasil.]

Arroz selvagem
É, na verdade, a semente de uma gramínea aquática cultivada principalmente na América do Norte. Longos e finos, os grãos têm coloração preta ou marrom e são uma ótima fonte de proteínas e de antioxidantes. Os grãos apresentam sabor amendoado e defumado; são firmes por fora e macios por dentro. Quando cozidos, eles se abrem e "florescem".

Arroz japonês ou arroz para sushi
Os grãos curtos são item básico na alimentação japonesa. Existem muitas variedades, incluindo koshihikari, hitomebore e akitakomachi, mas em mercados você geralmente encontra como "arroz para sushi". Quando cozido, fica grudento e pode ser facilmente enrolado ou modelado em sushi – mas também é ótimo servido como acompanhamento.

Arroz branco de grãos curtos [cateto branco]
Tão roliço que é quase redondo. Os grãos têm alta quantidade de amido e por isso ficam grudentos depois de cozidos. Podem ser usados em diversas receitas, incluindo sobremesas, sushi e risoto. Pede bastante líquido no cozimento.

Arroz integral de grãos curtos [cateto integral]
Intenso, consistente e amendoado, leva mais tempo para cozinhar e fica menos grudento do que a versão branca, mas os grãos ainda se mantêm unidos. Também é mais rico em nutrientes.

Arroz vermelho de Camargue
Cresce nas áreas alagáveis da região de Camargue, no sudoeste da França – ali, existe até mesmo um museu dedicado a esse tipo de arroz. Seu nome vem da tonalidade vermelha da camada externa dos grãos integrais. Tem sabor amendoado e textura levemente consistente.

Arroz preto
Existem diversas variedades e nomes para esse arroz de grãos médios, incluindo arroz proibido, arroz tailandês preto, nerone e venere. Todos são ricos em fibras, com sabor suave e amendoado. Os grãos têm muitos antioxidantes – o mesmo, ou até mais, do que a quantidade encontrada em mirtilos. Será o novo superalimento?

Flocos de arroz integral
São grãos de arroz integral flocados: leves, crocantes e saudáveis. Só não confunda com os flocos de arroz cheios de açúcar, adoçantes ou outros aditivos desconhecidos.

Nota sobre o arroz parboilizado
Muitos tipos de arroz são vendidos como "parboilizados", mas isso não significa que levam menos tempo para cozinhar. O nome refere-se ao processo de pré-cozimento dos grãos depois da colheita, ainda com a casca. Dessa maneira, eles absorvem muitos dos nutrientes da casca e não grudam ou ficam empapados quando você os prepara em casa.

VARIEDADES DE ★ ARROZ

Arroz basmati integral

Arroz integral de grãos curtos [cateto integral]

Arroz para sobremesa

Arroz branco de grãos curtos [cateto branco]

Arroz japonês ou para sushi

Arroz glutinoso preto

Arroz glutinoso

Flocos de arroz integral

Arroz vermelho de Camargue

Arroz jasmim integral

Arroz basmati branco

Arroz para paella

Arroz selvagem

Arroz jasmim branco

Arroz agulhinha

Arroz agulhinha integral

Arroz carnaroli

Arroz arbório

Arroz preto

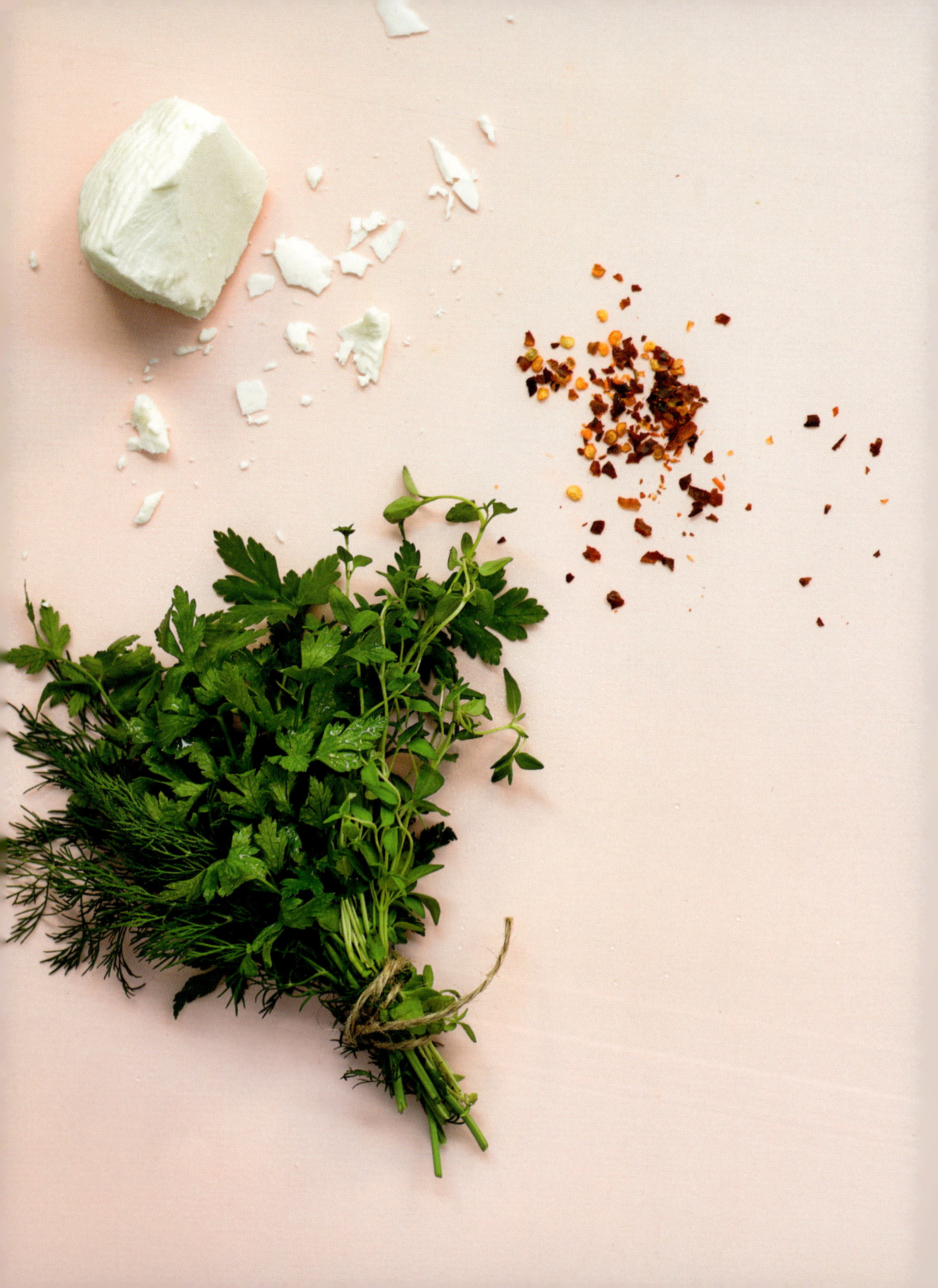

SALADAS E
★
BOWLS

BOWL DE ARROZ,
★
AVOCADO E SALMÃO

Experimente servir o avocado no formato de rosa – mas, se o tempo for curto, simplesmente disponha as fatias sobre o arroz.

🍴 2 porções

⏰ 40 minutos

150 g de arroz cateto integral
1 colher (sopa) de gergelim tostado
100 g de edamame congelado
   (descongele antes de usar)
1 avocado*
1 filé (cerca de 90 g) de salmão
   defumado
um punhado de folhas de coentro
   picadas grosseiramente
sal

Para o molho
1 colher (sopa) de óleo de gergelim
1 colher (sopa) de molho de soja
1 colher (sopa) de mirin
½ colher (chá) de gengibre ralado
1-2 colheres (chá) de mel

* Se não encontrar, use ½ abacate.

Cozinhe o arroz em água com um pouco de sal de acordo com as instruções da embalagem. Espalhe-o em uma assadeira e deixe esfriar. Enquanto isso, misture os ingredientes do molho em uma tigela pequena.

Transfira o arroz para uma vasilha. Misture o molho, a maior parte do gergelim e o edamame retirado da vagem. Divida entre dois bowls.

Corte o avocado ao meio; descarte o caroço e a casca. Coloque-o sobre uma tábua de cozinha, com a metade cortada para baixo, e fatie finamente no sentido da largura, sem soltar as fatias. Abra delicadamente em forma de leque. Começando por uma extremidade, enrole as fatias com cuidado, para obter o formato de uma rosa, e disponha sobre o arroz.

Finalize com o salmão em lascas, o coentro e o gergelim restante.

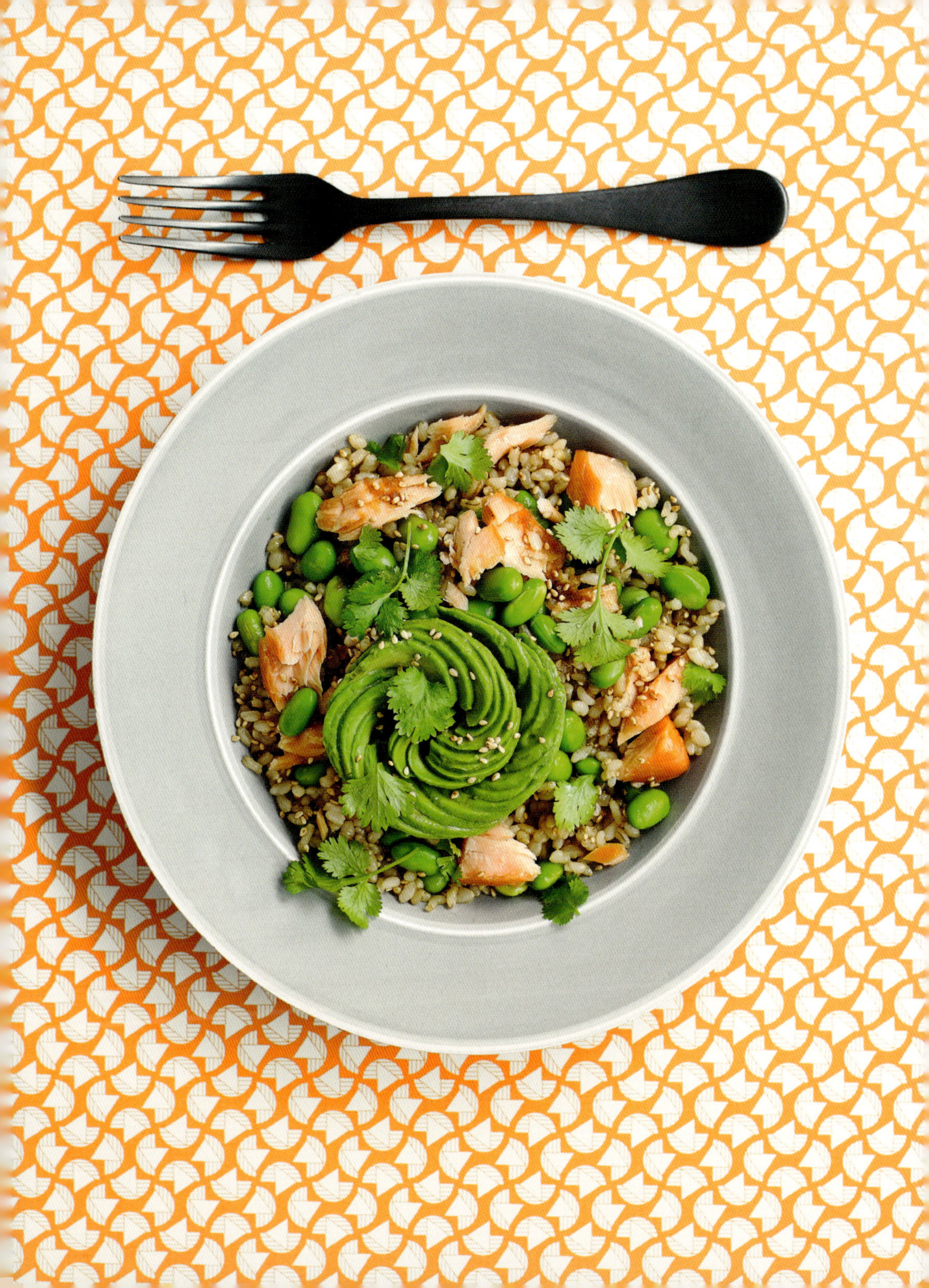

ARROZ AO
★
CURRY

O pimentão verde deixa a textura crocante, as frutas secas dão um toque adocicado, e o molho ao curry harmoniza tudo.

4 porções

30 minutos

200 g de arroz basmati
1 maço de salsa
1 pimentão verde sem sementes e picado
1 cebola roxa pequena picada
50 g de damasco seco fatiado
50 g de uva-passa
25 g de amêndoa laminada tostada
sal e pimenta-do-reino moída na hora

Para o molho
4 colheres (sopa) de azeite extravirgem
1 colher (sopa) de vinagre de vinho branco
1 dente de alho amassado
1 colher (sopa) de suco de limão-siciliano
¼ de colher (chá) de açúcar
1 colher (chá) de curry em pó

Cozinhe o arroz em água com um pouco de sal de acordo com as instruções da embalagem. Espalhe em uma assadeira e deixe esfriar. Enquanto isso, misture os ingredientes do molho em uma tigela pequena; tempere com sal e pimenta-do-reino.

Transfira o arroz para uma vasilha grande. Pique finamente metade da salsa e acrescente à vasilha junto com o pimentão, a cebola, o damasco e a uva-passa. Coloque a salsa restante, reservando um pouquinho para finalizar, regue com o molho e misture. Finalize com a amêndoa e a salsa reservada e sirva.

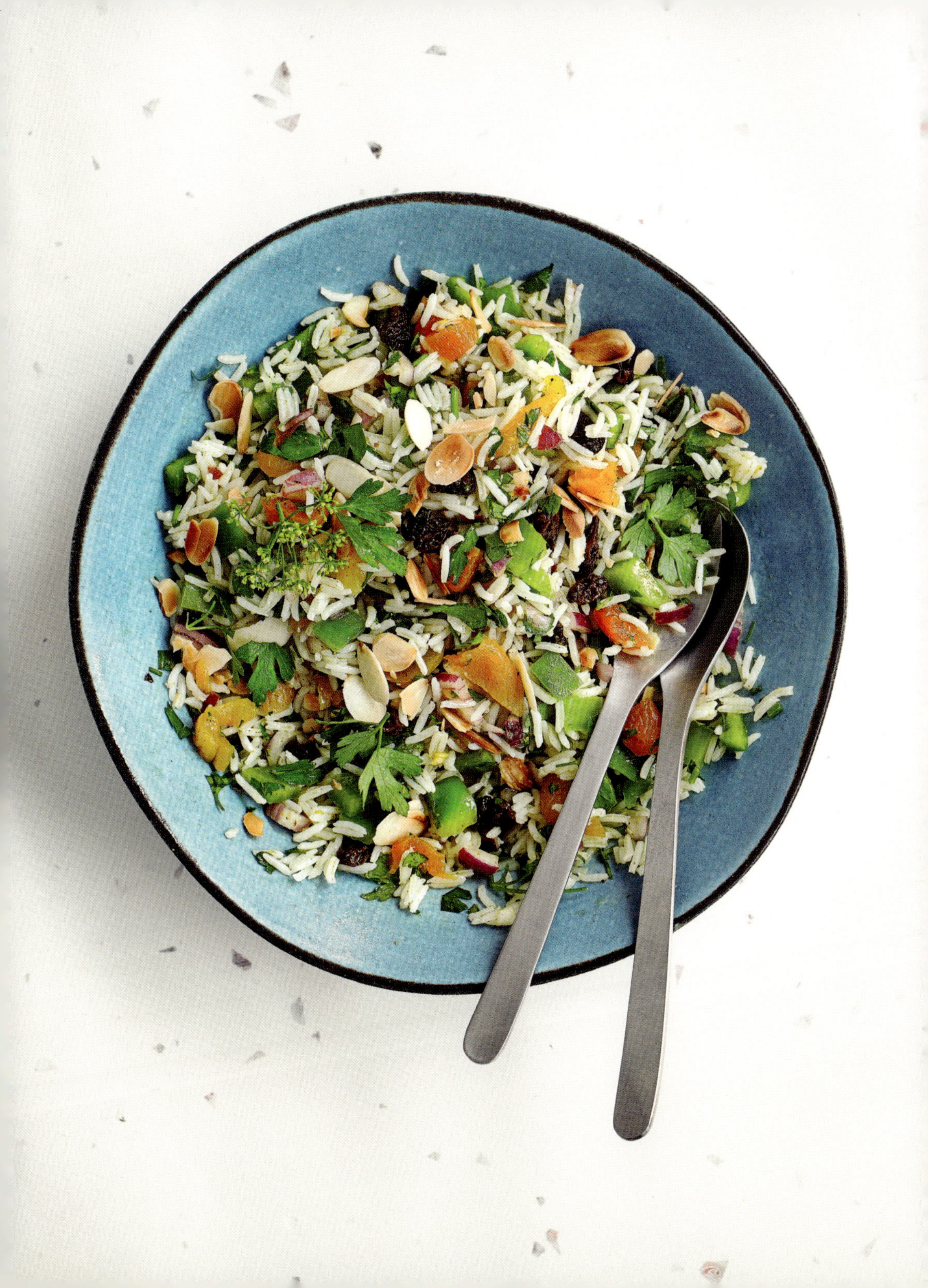

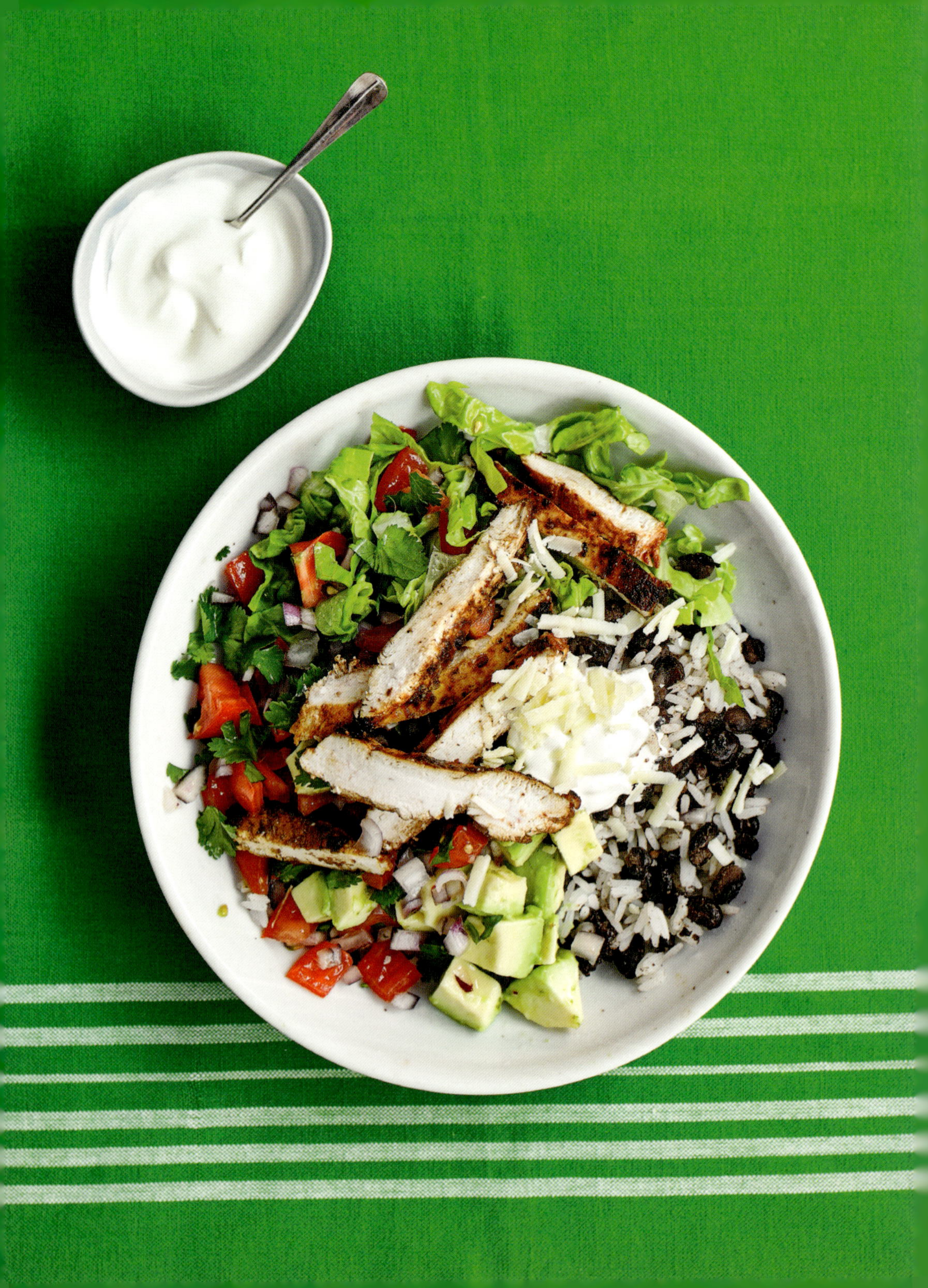

BOWL DE
★
BURRITO E CHIPOTLE

Burritos são deliciosos, mas ficam ainda melhores sem a tortilha – assim, sobra mais recheio. A salsa de tomate garante o toque de frescor.

2 porções

50 minutos

1 peito de frango grande
2 cols. (sopa) de pasta ou molho de chipotle
2 cols. (sopa) de azeite
raspas e suco de 1 limão
75 g de arroz agulhinha
200 g de feijão-preto cozido e escorrido
1 dente de alho amassado
125 g de tomate picado
½ cebola roxa picada finamente
1 maço pequeno de coentro
1 avocado [p. 18] picado
um punhado de alface-romana
3 cols. (sopa) de sour cream [p. 175]
25 g de cheddar inglês maturado ralado (opcional)
sal e pimenta-do-reino moída na hora

Coloque o peito de frango entre dois pedaços de filme de PVC e passe o rolo de macarrão sobre ele até ficar com 1 cm de espessura. Em uma tigela, misture a pasta de chipotle, 1 colher (chá) de azeite, as raspas e o suco de metade do limão e um pouco de sal; descarte o filme de PVC e cubra o frango com esse tempero. Leve à geladeira por 30 minutos. Cozinhe o arroz em água com um pouco de sal de acordo com as instruções da embalagem.

Aqueça em fogo alto 1 colher (sopa) de azeite em uma frigideira antiaderente. Junte o feijão e frite por 3 minutos, até começar a ficar crocante. Acrescente o alho e o arroz; tempere com sal e pimenta-do-reino e divida entre dois bowls.

Em uma vasilha, coloque o tomate, a cebola, o coentro e uma pitada de sal. Em outro recipiente, misture o avocado, as raspas e o suco da outra metade do limão; tempere.

Aqueça o azeite restante na frigideira e frite o frango por 2½-3 minutos de cada lado, até ficar cozido. Reserve e fatie. Distribua a salsa de tomate, o avocado e a alface picada entre os bowls com o arroz. Cubra com o frango, uma colherada de sour cream e, se desejar, o cheddar.

SALADA DE
★
ARROZ VERMELHO

A ricotta salata é uma versão maturada e mais firme, seca e salgada do que a ricota fresca. Combina bem com a doçura da ervilha-torta e o molho untuoso.

🍴 4 porções

⏰ 50 minutos

200 g de arroz vermelho
150 g de ervilha-torta fatiada no comprimento
150 g de rabanete cortado em quartos
1 avocado [p. 18] cortado em cubos
4 cebolinhas fatiadas finamente
50 g de alface lisa
50 g de ricotta salata [ou ricota defumada] cortada em lascas
sal e pimenta-do-reino moída na hora

Para o molho
raspas e suco de 1 laranja
2 colheres (chá) de mostarda de Dijon
1 colher (sopa) de vinagre de xerez
3 colheres (sopa) de azeite extravirgem
2 colheres (chá) de xarope de agave

Cozinhe o arroz em água com um pouco de sal de acordo com as instruções da embalagem. Espalhe em uma assadeira e deixe esfriar. Enquanto isso, misture os ingredientes do molho em uma tigela pequena e tempere com sal e pimenta-do-reino.

Em uma vasilha grande, misture o arroz frio, a ervilha-torta, o rabanete, o avocado, a cebolinha, a alface e o molho. Prove e acerte o tempero. Transfira para uma saladeira e espalhe a ricotta salata.

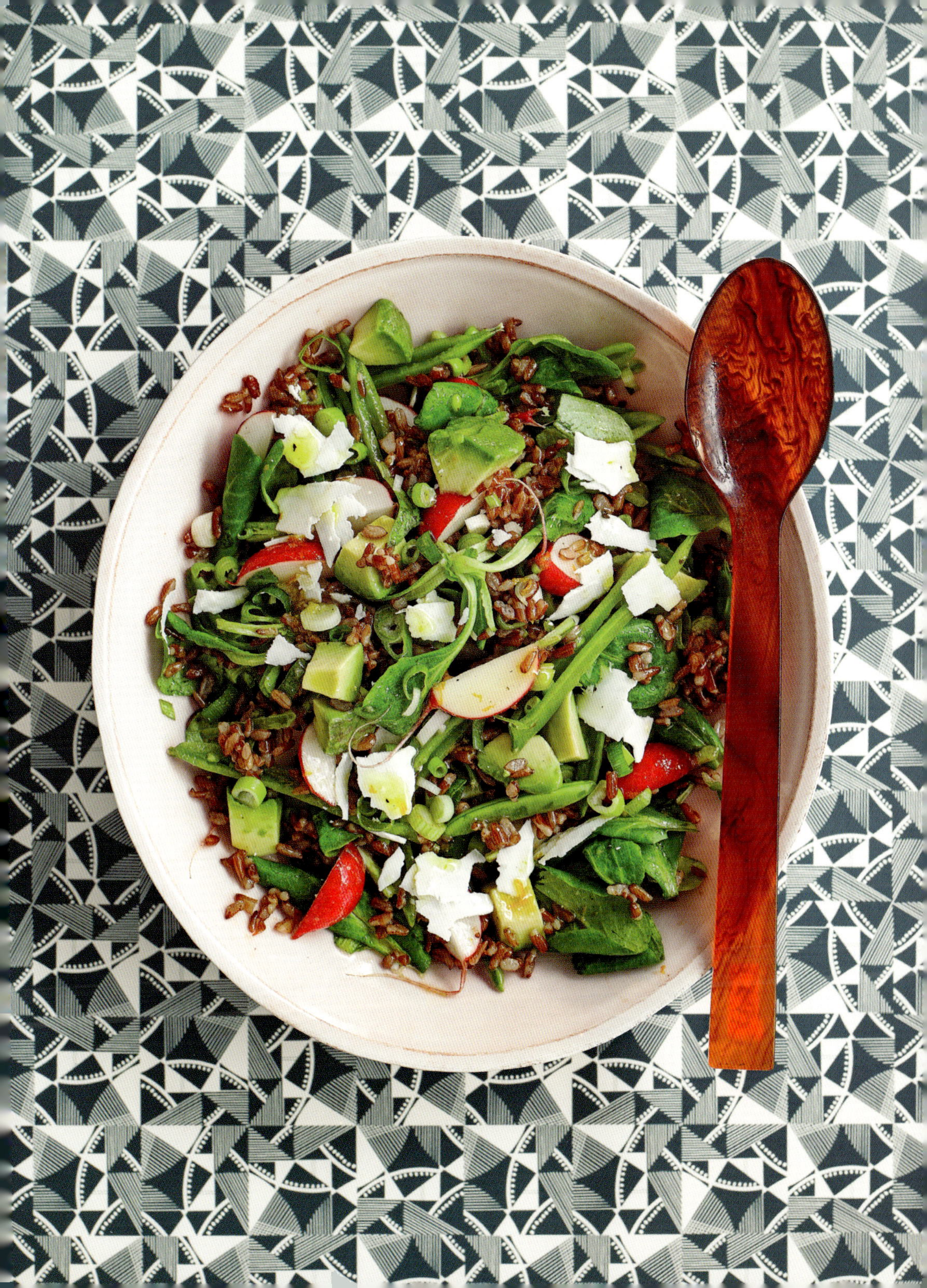

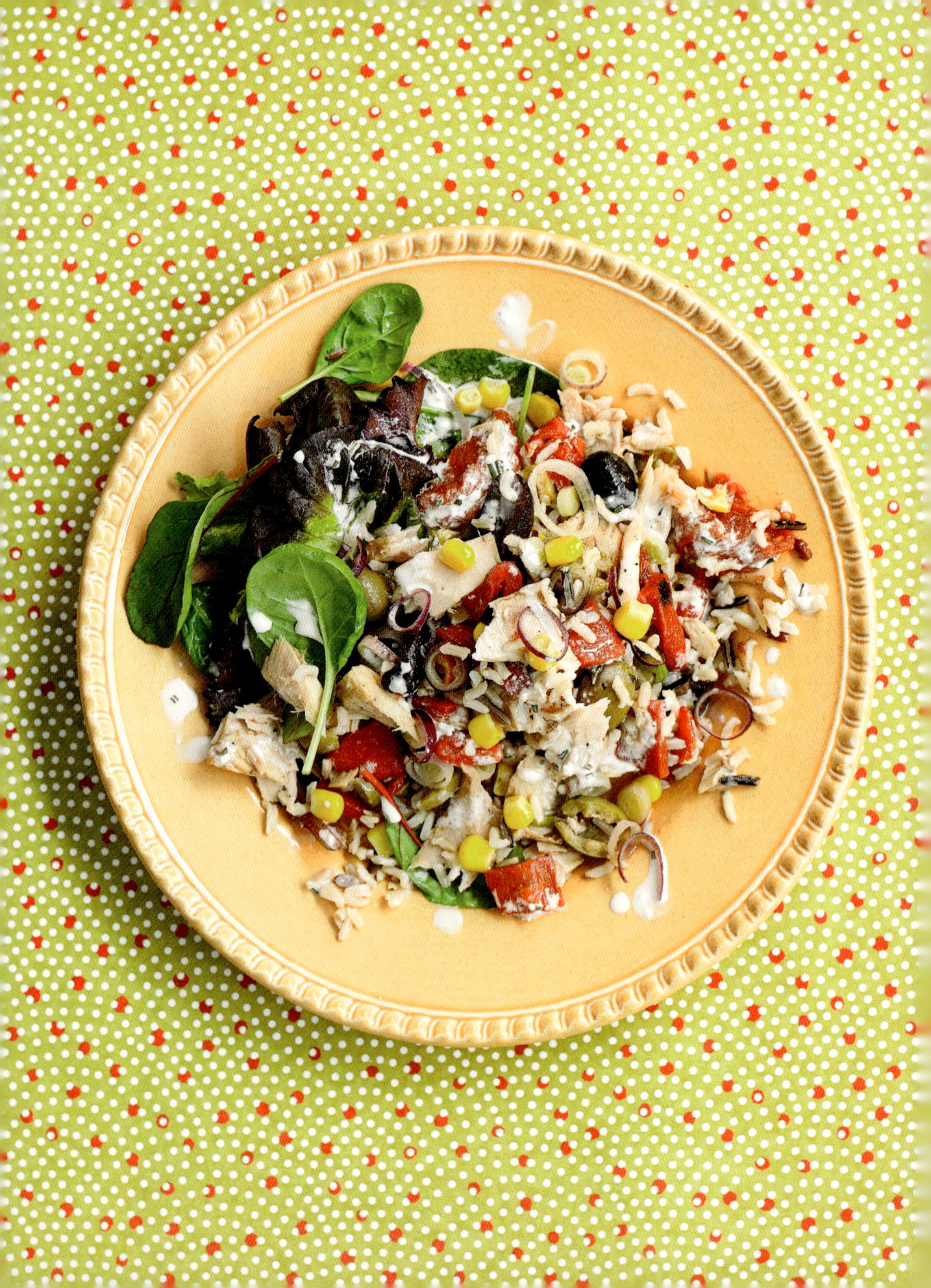

SALADA DE
★
ATUM E ARROZ

Essa receita é repleta de sabores do Mediterrâneo: azeitona, alecrim e vegetais assados. Você só precisa de uma taça de vinho e um pouco de sol para sentir-se lá.

🍴 2 porções

⏰ 35 minutos

85 g de arroz basmati, vermelho e selvagem misturados
1 ramo grande de alecrim
120 g de atum em lata
25 g de azeitonas variadas cortadas ao meio
75 g de pimentão vermelho em conserva picado
75 g de tomate seco picado; reserve 2 cols. (chá) do óleo da conserva
75 g de milho-verde em conserva escorrido
1 cebolinha fatiada finamente
50 g de folhas verdes variadas para salada
sal e pimenta-do-reino moída na hora

Para o molho
1 col. (sopa) cheia de maionese
½ col. (chá) de vinagre de xerez
¼ de col. (chá) de alecrim

Cozinhe o arroz em água com um pouco de sal de acordo com as instruções da embalagem; acrescente o ramo de alecrim ao líquido do cozimento. Escorra, espalhe em uma assadeira, descarte o alecrim e deixe esfriar.

Prepare o molho: em uma tigela pequena, misture a maionese, o vinagre, o alecrim e 1 colher (sopa) de água fria. Leve à geladeira até a hora de servir.

Em uma vasilha grande, misture o atum, a azeitona, o pimentão, o tomate seco, o milho e a cebolinha. Acrescente o arroz frio, tempere com sal e pimenta-do-reino e junte 2 colheres (chá) do óleo da conserva do tomate seco. Divida as folhas entre os pratos ou bowls, cubra com a salada de arroz e regue com o molho.

SALADA

TABULE COM ARROZ

Esse clássico do Oriente Médio é tradicionalmente feito com triguilho, mas o arroz também funciona nessa salada refrescante.

- 3 porções
- 45 minutos

100 g de arroz jasmim integral*
50 g de salsa picada finamente
½ maço de hortelã picado finamente
4 cebolinhas picadas finamente
125 g de tomate-cereja picado
100 g de pepino picado finamente
½ colher (chá) de pimenta-da-jamaica
suco de ½ limão-siciliano
1 colher (sopa) de azeite extravirgem
250 g de halloumi [ou queijo de cabra firme, ou queijo coalho] cortado em doze fatias
um punhado de semente de romã
sal e pimenta-do-reino moída na hora

Para o molho
1 colher (sopa) cheia de harissa [ou pasta de pimenta]
suco de ½ limão-siciliano
2 colheres (sopa) de azeite extravirgem
1 colher (sopa) de mel

Cozinhe o arroz em água com um pouco de sal de acordo com as instruções da embalagem. Espalhe em uma assadeira e deixe esfriar.

Em uma tigela, misture as ervas, a cebolinha, o tomate, o pepino, a pimenta-da-jamaica, o suco de limão e o azeite; tempere com sal e pimenta-do-reino. Junte o arroz frio e mexa bem. Para o molho, misture a harissa, o suco de limão, o azeite, o mel, sal e pimenta-do-reino.

Aqueça uma frigideira antiaderente em fogo médio e frite o halloumi em porções, até dourar e ficar macio. Disponha sobre o tabule, regue com o molho e espalhe as sementes de romã.

* Se não encontrar, use o arroz jasmim (tailandês aromático) ou a variedade integral de sua preferência.

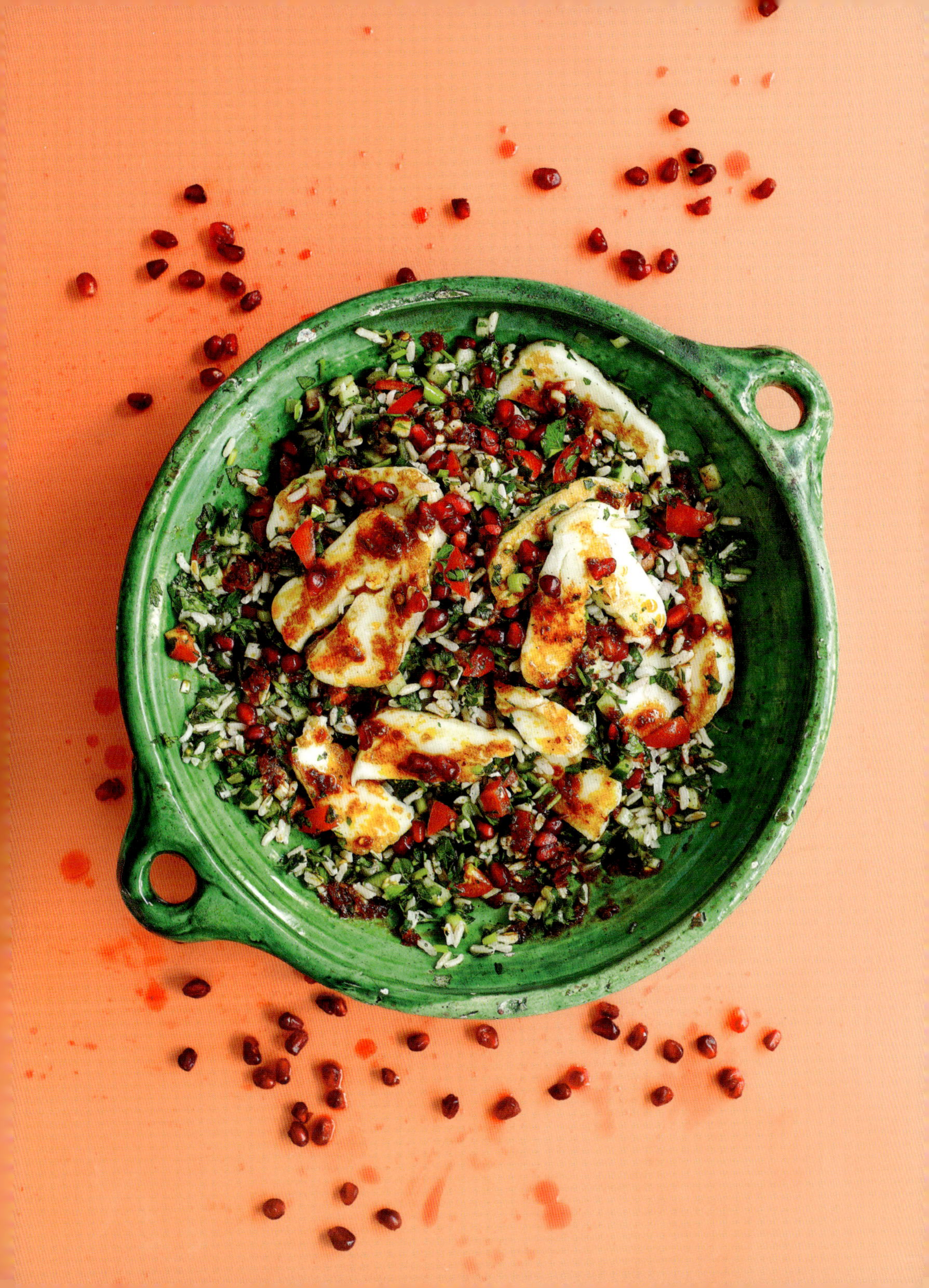

SALADA SLAW DE
ARROZ E FRANGO

Faça dessa salada tradicional uma refeição completa adicionando arroz à receita. O chutney de manga intensifica e valoriza o sabor do molho.

4 porções

50 minutos

150 g de arroz jasmim integral*
25 g de lascas de coco
1 colher (chá) de semente de nigela
1 cenoura grande ralada
200 g de repolho roxo cortado em tiras finas
1 cebola roxa pequena fatiada
1 manga pequena fatiada
2 coxas de frango assadas e desfiadas
um punhado de cebolinha picada
sal e pimenta-do-reino moída na hora

Para o molho
3-4 colheres (sopa) de chutney de manga
100 g de coalhada fresca
raspas e suco de 1 limão

Cozinhe o arroz em água com um pouco de sal de acordo com as instruções da embalagem. Espalhe em uma assadeira e deixe esfriar.

Aqueça uma frigideira pequena e toste as lascas de coco até dourarem; transfira para uma vasilha. Toste levemente as sementes de nigela na frigideira e junte ao coco. Em uma tigela pequena, misture os ingredientes do molho.

Em um recipiente grande, junte a cenoura, o repolho, a cebola, a manga, o frango e o arroz frio. Regue com o molho, mexa, prove e tempere bem com sal e pimenta-do-reino. Transfira para um prato de servir e espalhe o coco, a nigela e a cebolinha.

Dica: para assar as coxas de frango, preaqueça o forno a 200°C. Tempere com azeite, sal e pimenta-do-reino e asse por 40-45 minutos, ou até ficarem bem cozidas.

* Se não encontrar, use o arroz jasmim (tailandês aromático) ou a variedade integral de sua preferência.

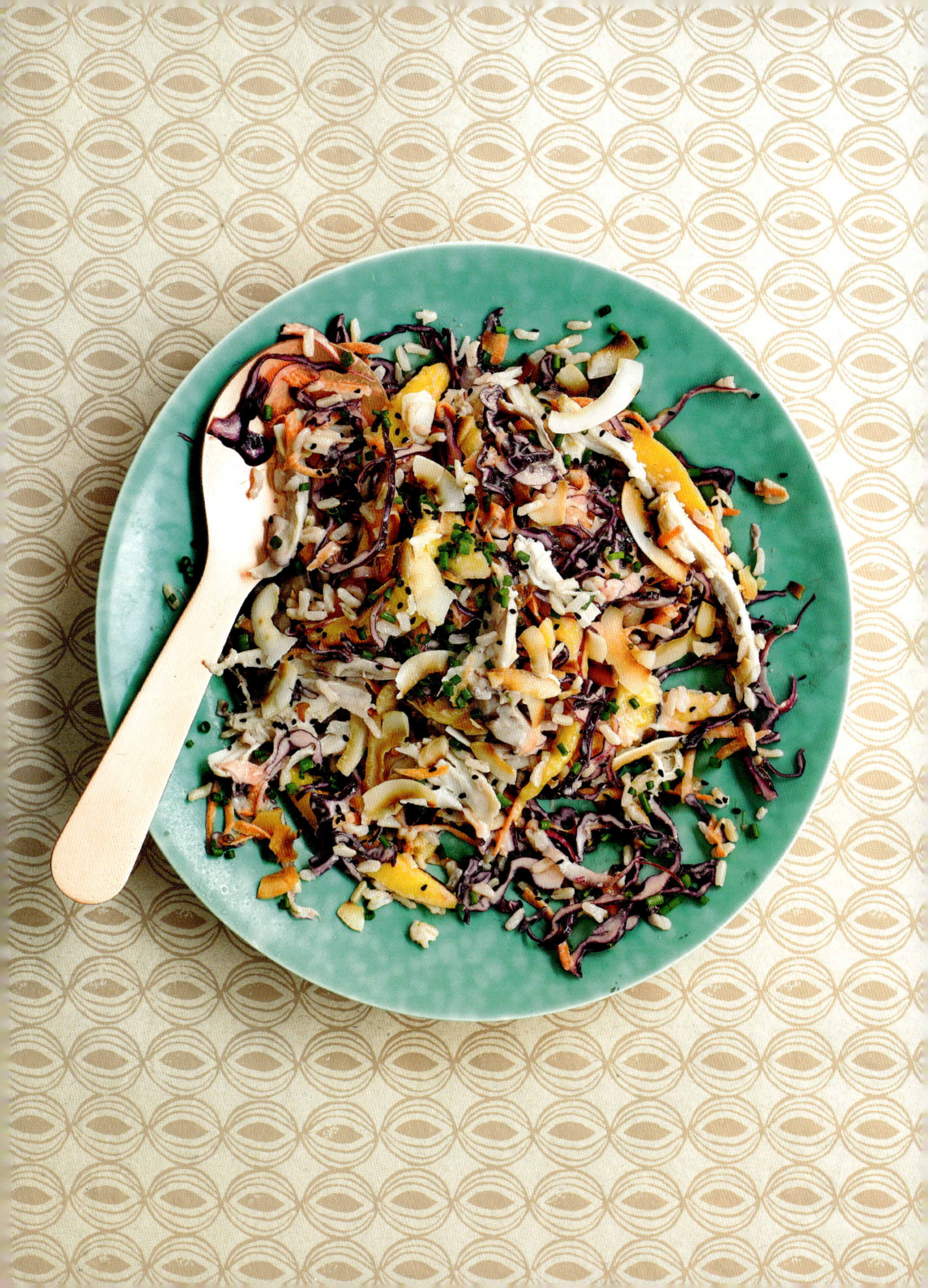

ARROZ PRETO
★
MEXICANO

De textura firme, o arroz preto é uma ótima base para saladas. Para obter uma receita revigorante, junte tomate e milho-verde, queijo feta e molho de limão.

4-6 porções

35 minutos

250 g de arroz preto
2 espigas de milho-verde
250 g de tomate-cereja de cores variadas
1 cebola roxa grande picada finamente
½ maço pequeno de hortelã picado grosseiramente
½ maço pequeno de coentro picado grosseiramente
½ maço pequeno de salsa picado grosseiramente
150 g de queijo feta despedaçado
sal e pimenta-do-reino moída na hora

Para o molho
3 colheres (sopa) de azeite extravirgem
raspas e suco de 2 limões
1 pimenta-malagueta verde sem sementes e picada finamente
2 dentes de alho amassados

Cozinhe o arroz em água com um pouco de sal de acordo com as instruções da embalagem. Espalhe em uma assadeira e deixe esfriar.

Ferva água em uma panela e cozinhe o milho-verde por 10-15 minutos, até ficar macio. Escorra e espere esfriar. Em uma vasilha, misture os ingredientes do molho e tempere com sal e pimenta-do-reino.

Debulhe as espigas e transfira os grãos de milho-verde para uma tigela grande. Junte o arroz e os ingredientes restantes, exceto o queijo feta. Regue com o molho e misture tudo. Divida entre os pratos e finalize com o queijo feta.

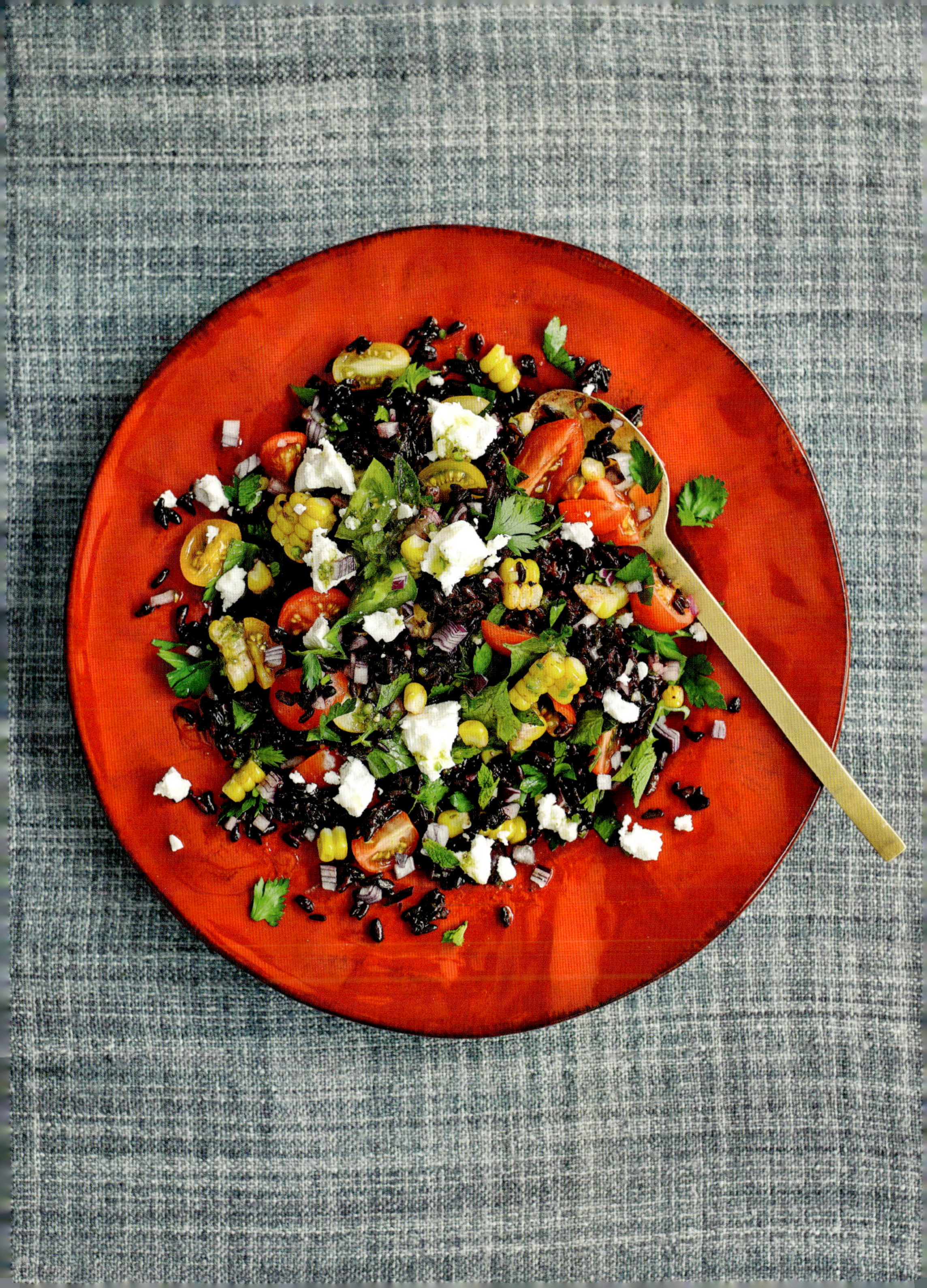

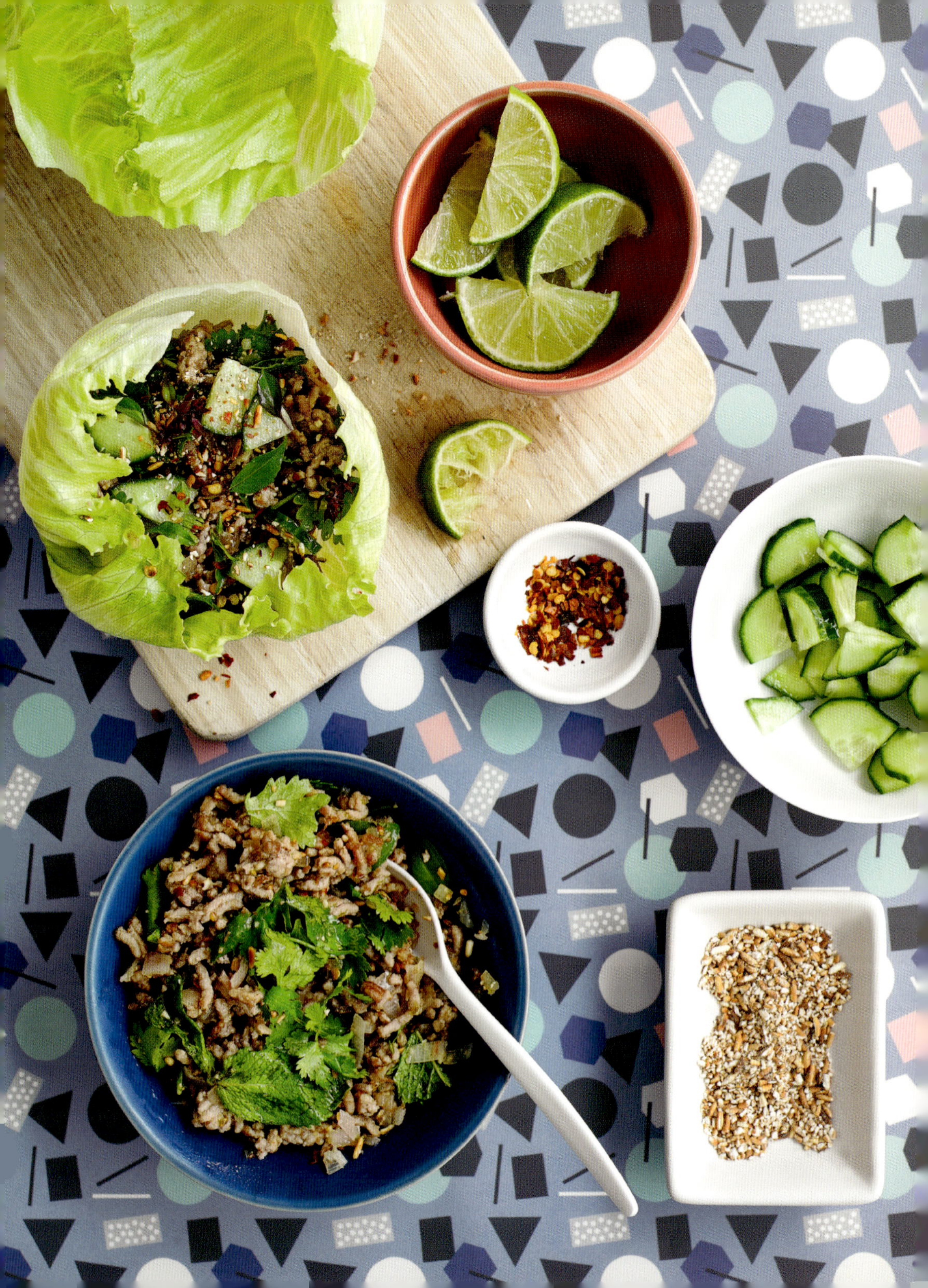

SALADA ASIÁTICA
COM CARNE SUÍNA

Apesar de ter variações, essa salada do Laos e da Tailândia sempre inclui arroz tostado moído. A carne de porco deve ficar suculenta. A variedade glutinosa deixa a refeição substancial.

4-6 porções

30 minutos, mais esfriamento

2½ cols. (sopa) de arroz glutinoso
2 cols. (sopa) de óleo de gergelim
500 g de carne suína moída
3 echalotas [p. 175] picadas finamente
2½ cols. (sopa) de molho de peixe
2 cols. (chá) de açúcar mascavo
raspas e suco de 1 limão, mais algumas cunhas para servir
½ col. (chá) de pimenta-calabresa, mais um pouco para servir
½ maço de manjericão tailandês
½ maço de coentro
um punhado de hortelã
sal e pimenta-do-reino moída na hora
1 alface-americana
¼ de pepino fatiado

Aqueça uma frigideira grande e toste o arroz por 5-6 minutos, até dourar, chacoalhando de vez em quando. Transfira para um almofariz ou moedor de especiarias e triture; reserve.

Na mesma frigideira, aqueça em fogo alto 1 colher (sopa) de óleo de gergelim. Junte a carne suína e frite por 8-10 minutos, até dourar e começar a ficar caramelada – o líquido que se formar deve evaporar, mas a carne precisa cozinhar e ficar suculenta. Apague o fogo, acrescente a echalota e mexa; transfira para uma tigela.

Em uma vasilha pequena, misture o molho de peixe, o óleo de gergelim restante, o açúcar, as raspas e o suco de limão. Junte à carne de porco ainda morna. Acrescente a pimenta-calabresa e metade do arroz triturado; espere esfriar. Adicione a maior parte das ervas, prove e acerte o tempero com sal e pimenta-do-reino. Leve à mesa as folhas de alface, uma tigela com o pepino, as ervas restantes, o arroz tostado, a pimenta-calabresa restante e as cunhas de limão para que cada pessoa se sirva à vontade.

SALADA DE ARROZ
★
COM PESTO

Esse molho pesto não inclui queijo, assim, se preferir uma salada vegana, basta não finalizar o prato com as lascas de parmesão.

🍴 6 porções

⏰ 50 minutos

1 abobrinha grande fatiada com 5 mm de espessura
1 cebola roxa cortada em cunhas
1 berinjela cortada em cubos de 1,5 cm
2 pimentões (vermelhos ou amarelos, ou misturados) cortados em pedaços
2½ cols. (sopa) de azeite extravirgem
250 g de arroz selvagem
100 g de espinafre picado
25 g de lascas de parmesão
sal e pimenta-do-reino moída na hora

Para o pesto
50 g de amêndoa
50 g de manjericão
1 dente de alho amassado
3 cols. (sopa) de azeite extravirgem
raspas de ½ limão-siciliano e um pouco do suco

Preaqueça o forno a 200°C. Misture a abobrinha, a cebola, a berinjela e o pimentão com o azeite e tempere com sal e pimenta-do-reino. Distribua a mistura, em uma única camada, entre duas assadeiras forradas com papel-manteiga. Asse por 35-45 minutos, até dourar e começar a caramelar.

Cozinhe o arroz de acordo com as instruções da embalagem. Espalhe em uma assadeira e deixe esfriar.

Para o pesto, toste a amêndoa no forno por 5-8 minutos, até dourar. Coloque-a no processador com o manjericão, o alho, o azeite, bastante sal e pimenta-do-reino, 4-5 colheres (sopa) de água e as raspas e o suco de limão. Bata até ficar homogêneo. Misture ao arroz 5 colheres (sopa) do pesto e junte o espinafre. Acerte o tempero e transfira para uma saladeira. Distribua os vegetais e espalhe o pesto restante. Finalize com as lascas de parmesão e um pouco de pimenta-do-reino moída na hora.

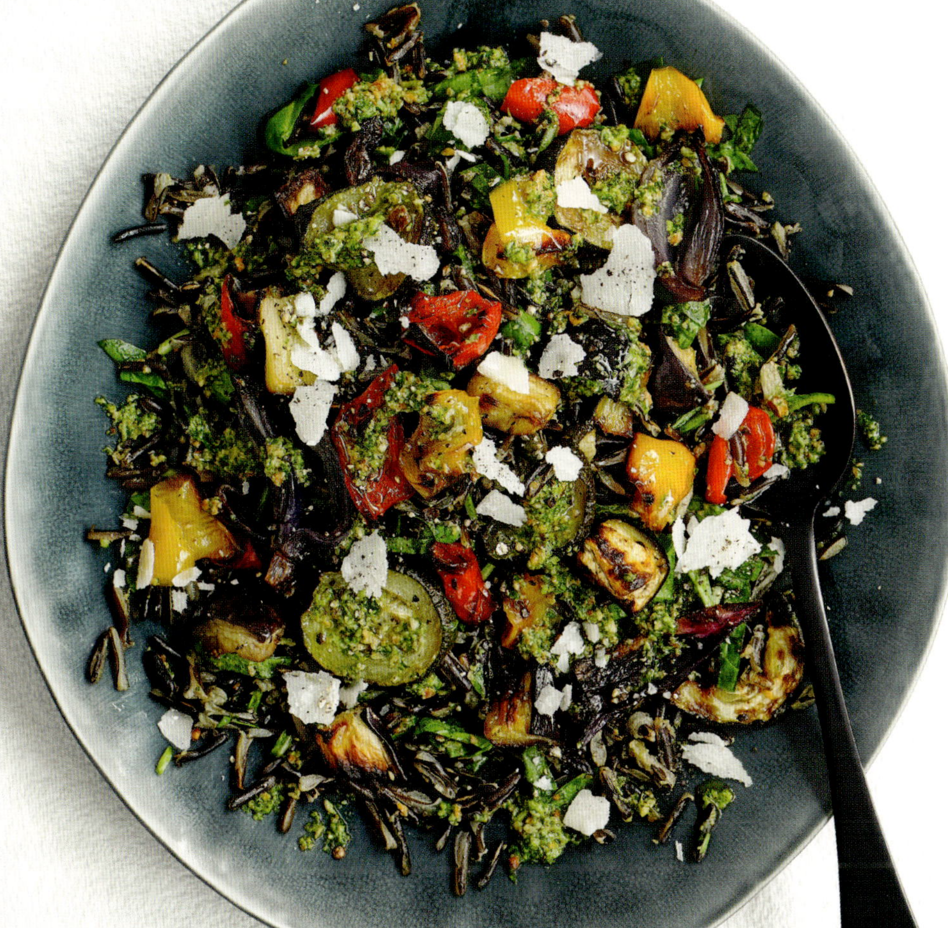

ARROZ DE COCO COM
CARNE TAI

Usar leite de coco light deixa o arroz com o sabor da fruta, mas sem as calorias e a densidade encontradas na versão integral.

🍴 2 porções
⏰ 40 minutos

100 g de arroz jasmim
200 ml de leite de coco light
2 cols. (sopa) de vinagre de arroz
2 cols. (chá) de açúcar
¼ de col. (chá) de sal
1 cebola roxa pequena fatiada
250 g de fraldinha fatiada
1-2 cols. (chá) de óleo de girassol
½ maço pequeno de manjericão tailandês rasgado
um punhado grande de coentro
sal e pimenta-do-reino moída na hora

Para o molho
1 col. (sopa) de molho de peixe
2 cols. (sopa) do líquido da conserva de cebola
1-2 pimentas olho-de-pássaro [ou pimentas-malaguetas] sem sementes e picadas finamente
1 dente de alho amassado
suco de ½ limão
uma pitada de açúcar

Coloque o arroz em uma panela, tempere com um pouco de sal e cubra com o leite de coco. Espere ferver, reduza a chama, tampe e cozinhe por 15 minutos. Apague o fogo e finalize o cozimento no próprio vapor da panela por mais 10 minutos.

Faça uma conserva de cebola. Misture o vinagre, o açúcar, um quarto de colher (chá) de sal e 2 colheres (sopa) de água fria em uma tigela pequena. Junte a cebola e reserve, para curtir.

Unte a carne com um pouco de óleo e tempere com sal e pimenta-do-reino. Aqueça uma frigideira comum ou canelada em fogo alto. Frite a carne por 1½-2 minutos de cada lado, dependendo da espessura – deve ficar rosada por dentro. Reserve.

Afofe o arroz cozido com um garfo, transfira para uma assadeira e espere esfriar. Escorra a cebola e reserve 2 colheres (sopa) do líquido. Misture os ingredientes do molho em uma tigela pequena. Com delicadeza, misture o arroz, o molho, as ervas e metade da cebola curtida. Fatie a carne reservada e divida entre os pratos com o arroz e cubra com a cebola restante.

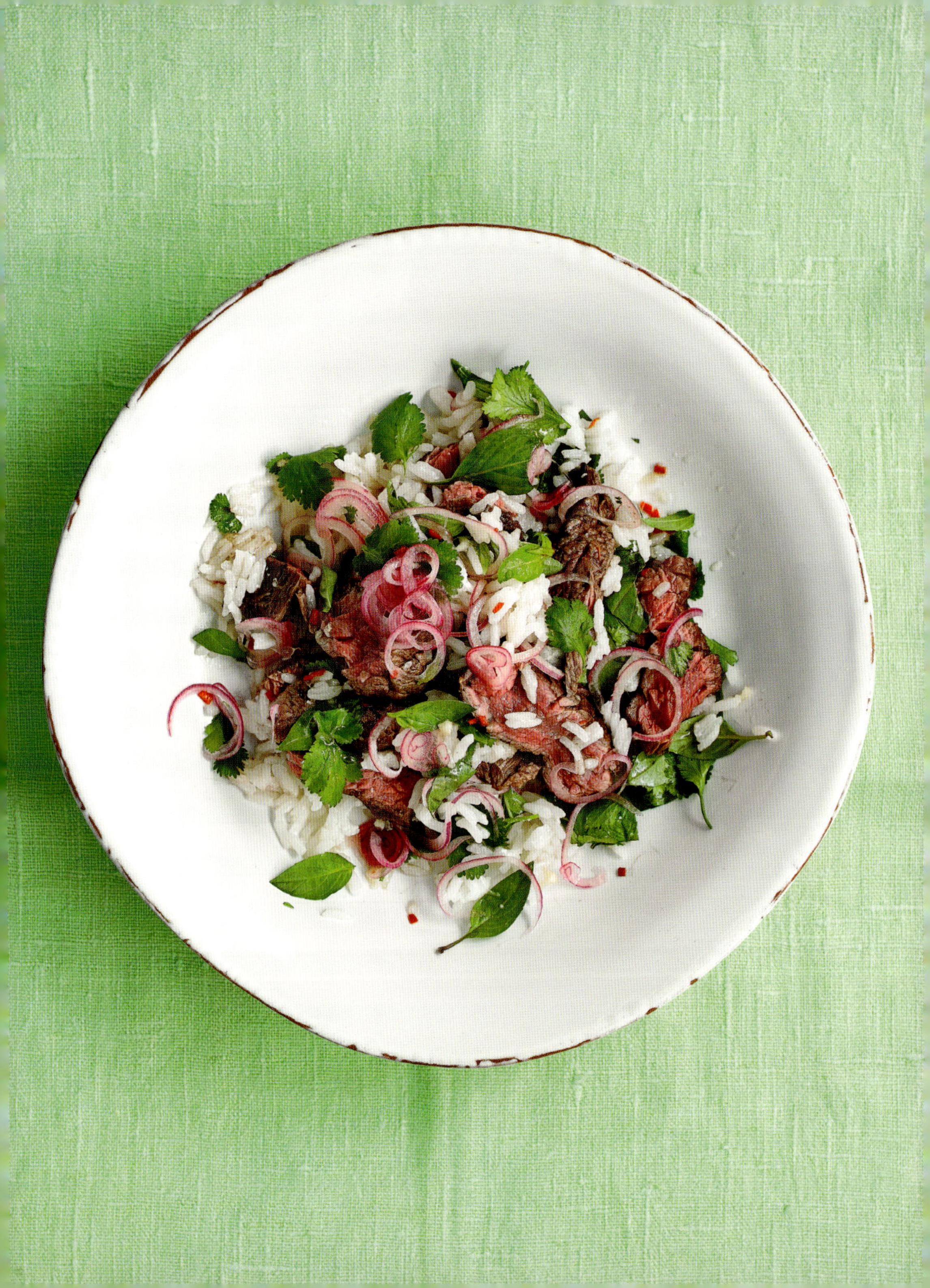

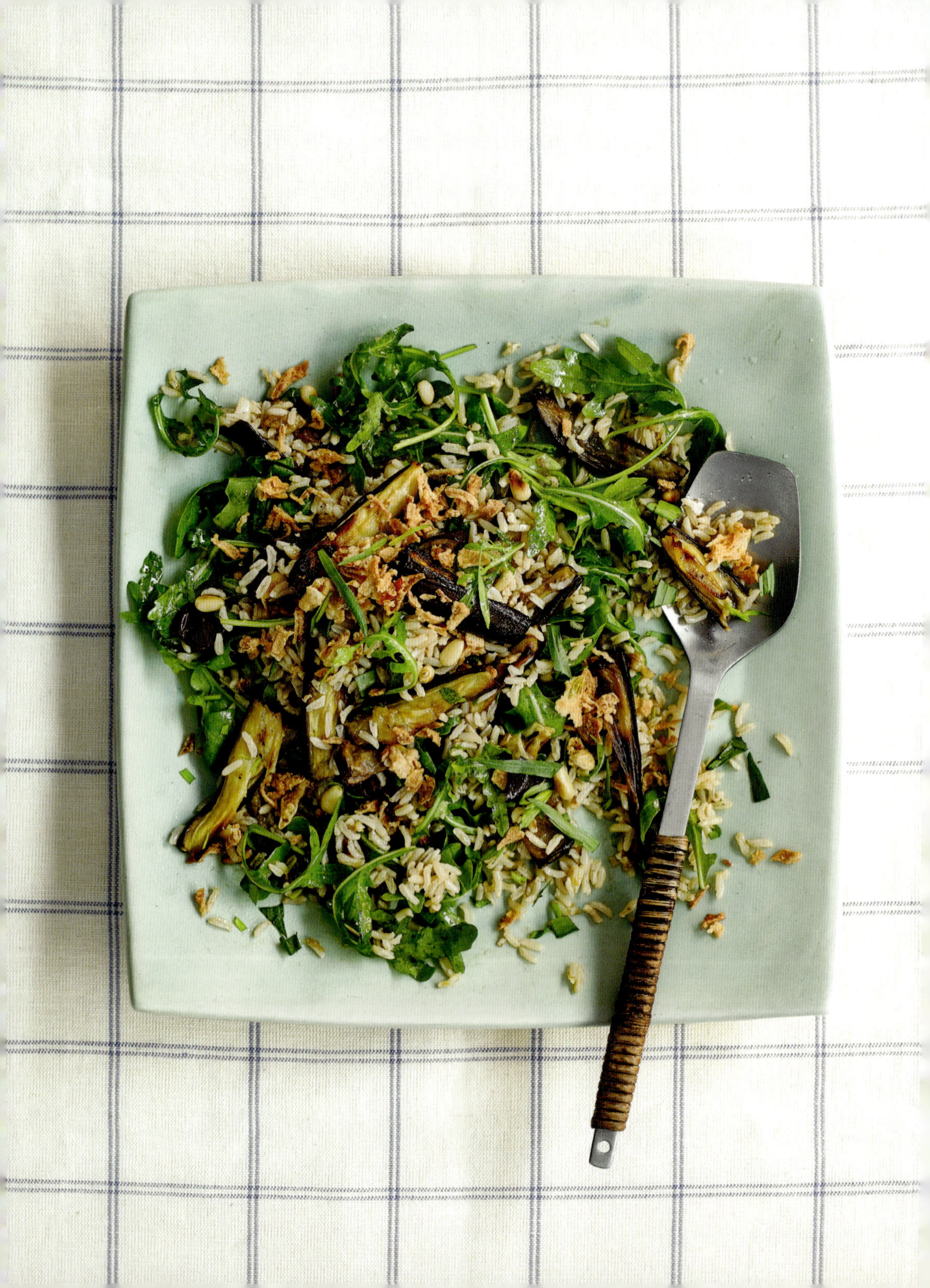

SALADA DE BERINJELA COM
MOLHO DE ROMÃ

Tempere a salada enquanto ainda estiver morna, para que a berinjela e o arroz absorvam o molho. O xarope de romã adiciona um sabor agridoce que equilibra o azeite.

4 porções

45 minutos

250 g de arroz basmati integral
2 berinjelas grandes cortadas em cunhas de 1,5 cm
2 colheres (sopa) de azeite extravirgem
25 g de pinhole tostado
50 g de rúcula
½ maço pequeno de estragão picado finamente
25 g de crisps de cebola* (industrializados)
sal e pimenta-do-reino moída na hora

Para o molho
2½ colheres (sopa) de azeite extravirgem
1 dente de alho amassado
raspas de 1 limão-siciliano, mais 2 colheres (sopa) do suco
2 colheres (sopa) de xarope de romã

Cozinhe o arroz em água com um pouco de sal de acordo com as instruções da embalagem. Enquanto isso, preaqueça o forno a 200°C. Em uma vasilha, junte a berinjela, o azeite e um pouco de sal e pimenta-do-reino. Distribua entre duas assadeiras forradas com papel-manteiga e asse por 25-30 minutos. Misture os ingredientes do molho em uma tigela pequena e tempere com sal e pimenta-do-reino.

Junte o arroz e a berinjela em uma vasilha. Enquanto ainda estiverem mornos, regue-os com o molho. Mexa bem e reserve até ficarem em temperatura ambiente. Acrescente o pinhole, a rúcula, o estragão, um pouco de sal e pimenta-do-reino. Finalize com os crisps de cebola na hora de servir.

* Algumas marcas disponibilizam como "cebola crocante". Se não encontrar pronta, prepare em casa: fatie finamente 1 cebola e seque com papel-toalha. Em seguida, frite-a em imersão até dourar e ficar crocante. Retire com uma escumadeira e escorra em papel-toalha.

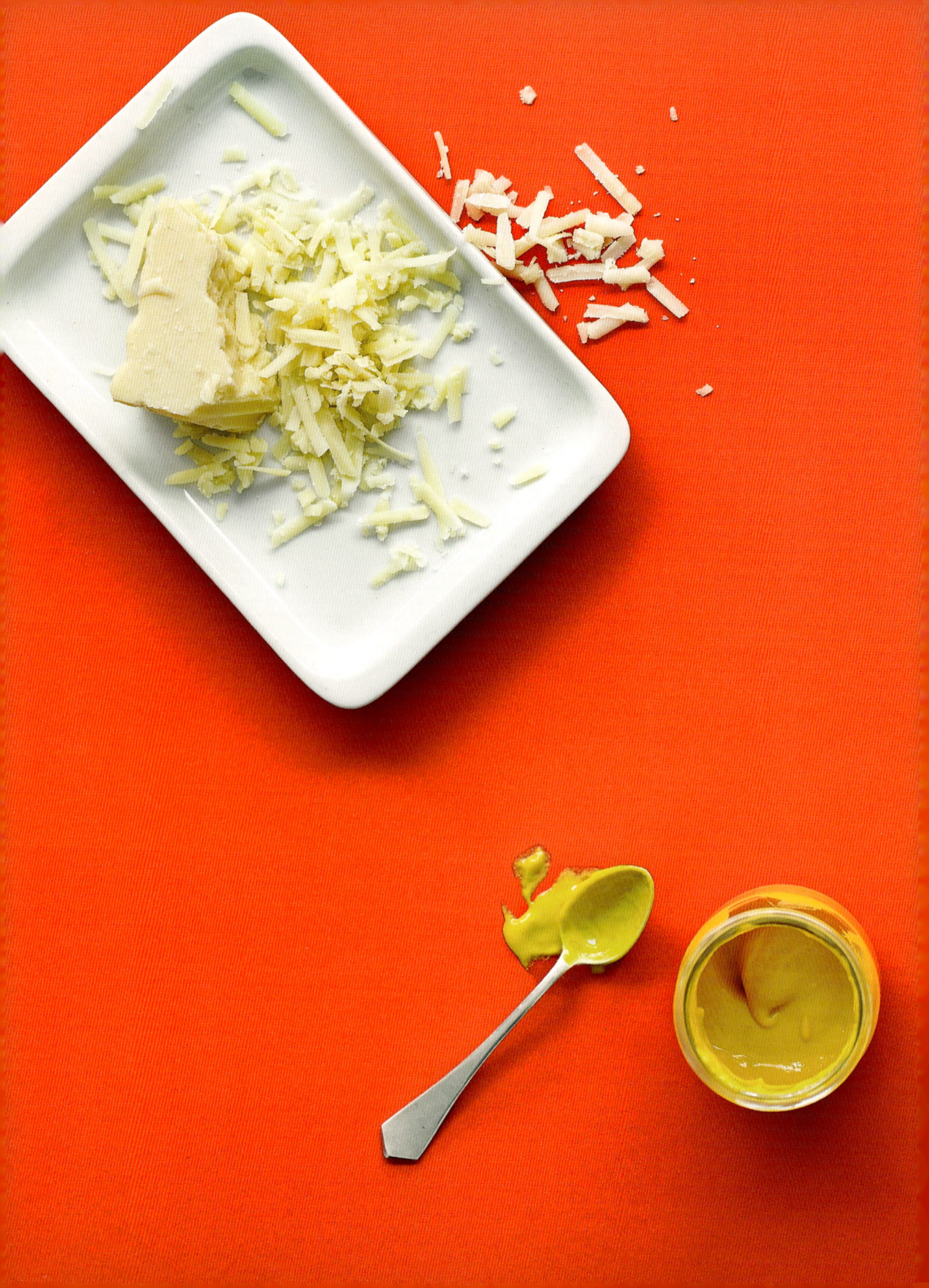

SOPAS E
★
PETISCOS

BOLINHO DE RISOTO
★
ARANCINE

Batizado de "laranjinha" em italiano, esse petisco delicioso originário da Sicília pode ser encontrado em toda a Itália. Regiões diferentes têm suas próprias versões, mas o recheio leva tradicionalmente *ragù*. O ponto alto é o queijo derretido no meio de cada bolinho.

12 unidades grandes

cerca de 1 hora, mais esfriamento

uma pitada de pistilos de açafrão
750 ml de caldo quente de legumes
25 g de manteiga
250 g de arroz arbório
50 g de parmesão ralado finamente na hora
raspas finas de ½ limão-siciliano
10 folhas de sálvia picadas
óleo, para fritar
sal

Para o recheio
75 g de queijo fontina [ou muçarela] cortado em 12 pedaços
3 fatias de presunto cru cortadas em 12 pedaços

Para empanar
3 cols. (sopa) de farinha de trigo temperada com ervas finas e sal
2 ovos batidos
85 g de farinha panko

Deixe o açafrão macerar no caldo de legumes por 10 minutos. Em uma panela, derreta a manteiga e refogue o arroz com meia colher (chá) de sal. Junte 500 ml do caldo e espere ferver. Cozinhe por 18-20 minutos, mexendo sempre, até o líquido ser absorvido e o arroz ficar *al dente*. Se necessário, junte mais caldo. Espalhe o parmesão e as raspas de limão e reserve por alguns minutos. Junte a sálvia e mexa bem. Disponha em uma assadeira, deixe esfriar e leve à geladeira até ficar firme.

Forme bolinhos com doze porções iguais de arroz. Abra uma cova no centro com o dedo indicador e recheie com um pedaço de fontina e outro de prosciutto; modele novamente para obter uma bolinha. Passe na farinha de trigo, no ovo e na farinha panko.

Encha metade de uma panela grande com óleo e aqueça a 170°C. Frite os bolinhos em porções, por 6-8 minutos, virando com frequência e esperando o óleo esquentar novamente entre uma leva e outra. Escorra em papel-toalha, tempere com sal e espere esfriar um pouco antes de servir.

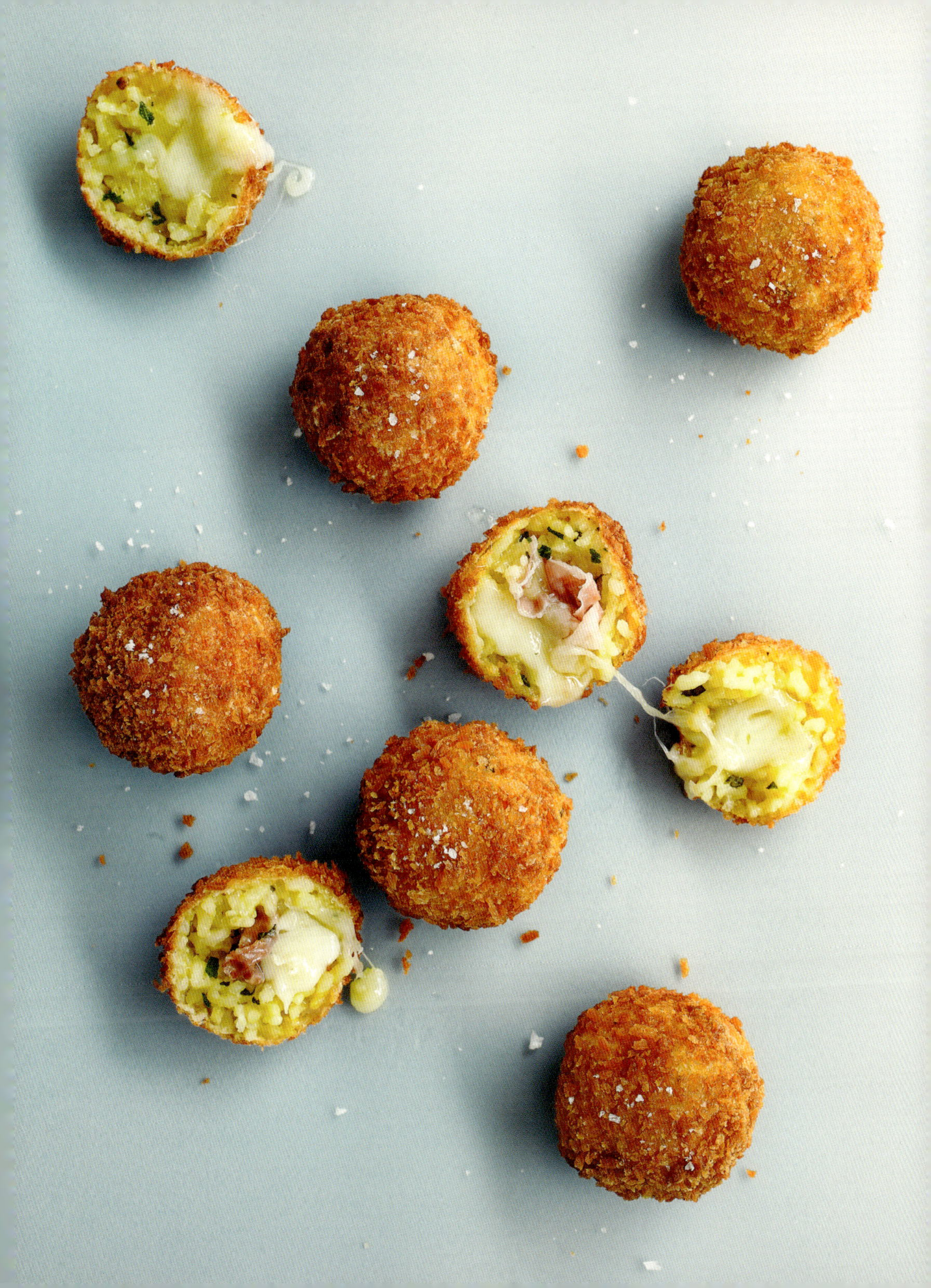

BOLINHO
★
ONIGUIRI YAKI

Crocante por fora e macio por dentro, esse triângulo de arroz é um petisco japonês muito popular. "Yaki" significa "grelhado". Originalmente, os bolinhos eram um alimento dos samurais, que os levavam para as batalhas e os grelhavam em fogueiras. O molho de missô dá um toque umami.

🍴 6 porções

⏰ 1 hora

250 g de arroz para sushi
1 colher (chá) de pasta de missô
2 colheres (sopa) de molho de soja
1 colher (sopa) de óleo de gergelim torrado
1 colher (chá) de mel
2 colheres (sopa) de gergelim (branco e preto misturados)
sal
cebolinha fatiada e gengibre em conserva, para servir

Lave bem o arroz, coloque-o em uma panela com um pouco de sal e cubra com 330 ml de água fervente. Espere ferver, tampe, abaixe o fogo para o mínimo e cozinhe por 15 minutos. Reserve, tampado, por 10 minutos e deixe esfriar completamente.

Em uma tigela pequena, misture a pasta de missô, o molho de soja, meia colher (chá) de óleo de gergelim e o mel, até ficar homogêneo. Junte o gergelim ao arroz frio. Com as mãos úmidas, divida o arroz em seis porções iguais e modele triângulos ou círculos com cerca de 6-7 cm de largura e 2,5 cm de espessura.

Aqueça o óleo restante em uma frigideira antiaderente grande em fogo médio. Frite os bolinhos de um lado, por 8-10 minutos, até começarem a dourar e ficar crocantes. Vire com cuidado e pincele com o molho. Frite o outro lado até dourar e ficar crocante. Apague o fogo. Vire cada oniguiri e pincele com o molho. Transfira rapidamente para um prato e pincele com o molho restante. Deixe esfriar um pouco, espalhe a cebolinha por cima e sirva com o gengibre.

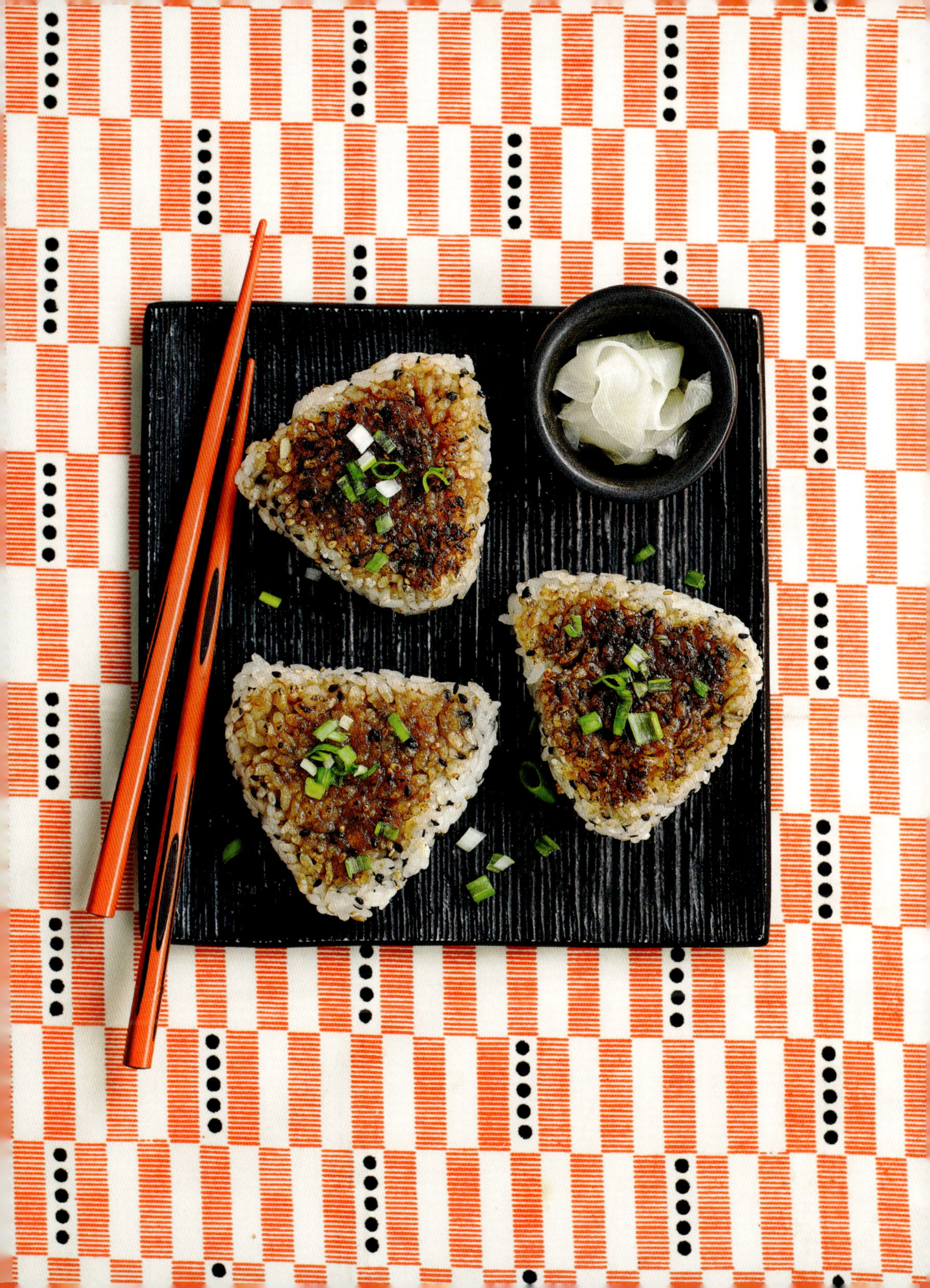

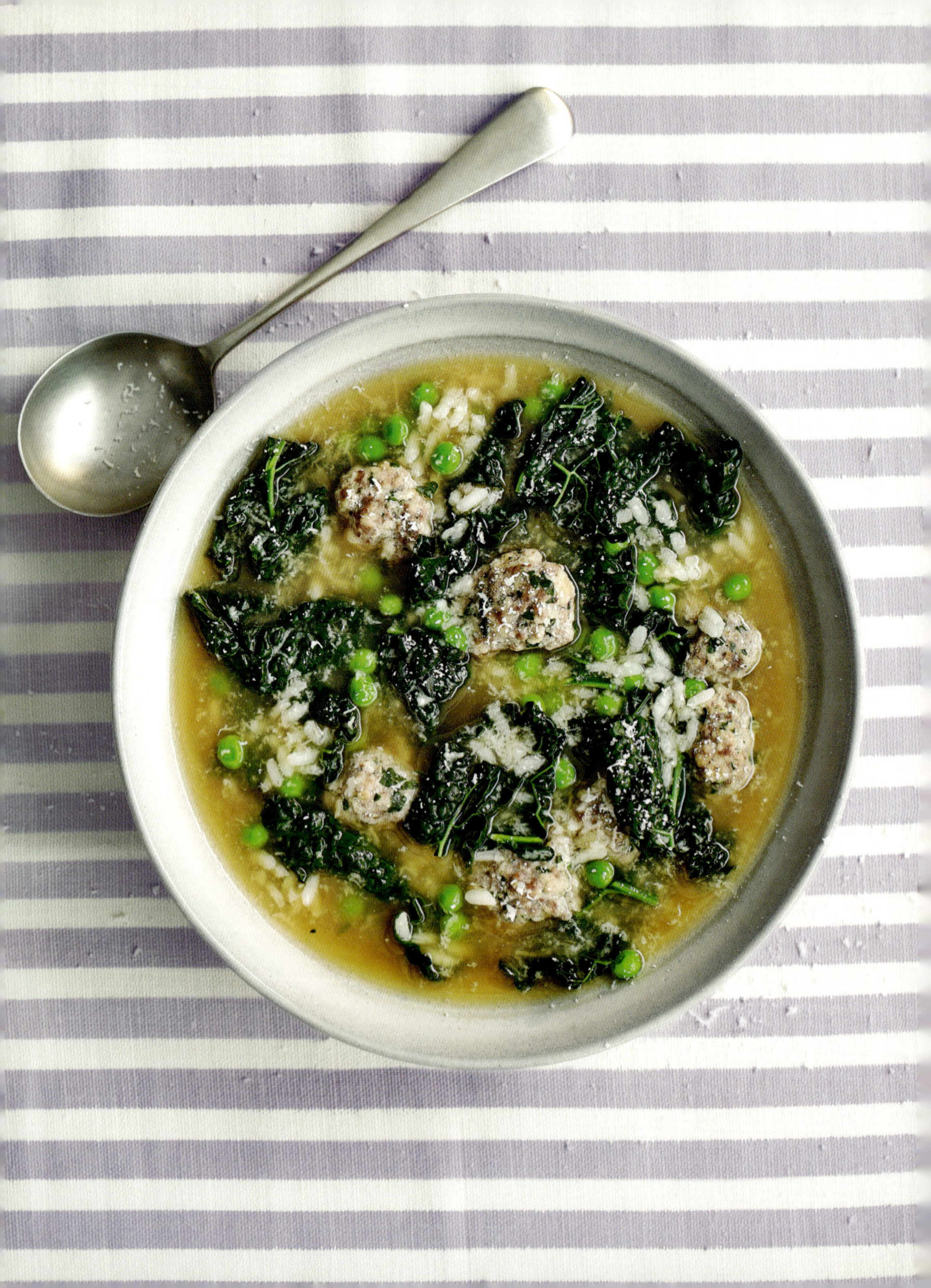

ALMÔNDEGA COM
★
ARROZ IN BRODO

Substancial e reconfortante como as receitas da "mamma", essa sopa de inspiração italiana é rápida e fácil de preparar. Depois de um dia difícil, um prato como esse deixa tudo melhor.

4 porções

35 minutos

250 g de carne bovina moída
1 dente de alho grande amassado
50 g de parmesão ralado finamente na hora, mais um pouco para servir
35 g de pão fresco esmigalhado
1 ovo batido
um punhado de salsa picada finamente, mais um pouco para servir
1,5 litro de caldo de carne recém-preparado
125 g de arroz carnaroli
150 g de couve-toscana ou couve sem os talos e picada grosseiramente
125 g de ervilha congelada
sal e pimenta-do-reino moída na hora

Em uma tigela, misture a carne, o alho, o parmesão, o pão, o ovo e a salsa e tempere com sal e pimenta-do-reino. Forme almôndegas bem pequenas, do tamanho de um tomate-cereja.

Ferva o caldo de carne em uma panela, junte o arroz e cozinhe por 5 minutos. Acrescente a almôndega, espere ferver novamente e cozinhe por 10 minutos. Adicione a couve e a ervilha; deixe por mais 5 minutos. Prove e acerte o tempero. Distribua entre bowls e espalhe um pouco de parmesão na hora de servir.

BOLINHO DE ARROZ
★
COM QUEIJO

Essa é uma maneira excelente de usar sobras de arroz. Incremente com o que quiser: um punhado de cebolinha--francesa picada, estragão, kümmel, azeitona, tomate seco ou alcaparra. Também fica ótimo com chutney de manga ou um pouco de ketchup.

12-16 unidades

50 minutos

150 g de arroz agulhinha (branco ou integral)
1 cebola ralada grosseiramente
100 g de cheddar inglês maturado ralado
50 g de farinha de trigo
¼ de noz-moscada ralada na hora
2 ovos
2 colheres (chá) de mostarda de Dijon
5 colheres (sopa) de leite
2-3 colheres (sopa) de óleo de girassol
sal e pimenta-do-reino moída na hora
chutney de tomate e pimenta,* para servir

Cozinhe o arroz em água com um pouco de sal de acordo com as instruções da embalagem. Espalhe em uma assadeira e deixe esfriar.

Transfira para uma tigela grande. Junte a cebola, o cheddar, a farinha e a noz-moscada; tempere bem com sal e pimenta-do-reino. Em outra vasilha, bata os ovos, a mostarda e o leite, adicione ao arroz e mexa para incorporar.

Em fogo médio-alto, aqueça 1 colher (sopa) de óleo de girassol em uma frigideira antiaderente grande. Disponha colheradas da massa e espalhe um pouco usando o dorso de uma colher. Frite por cerca de 3 minutos de cada lado, até dourar, e transfira para um prato forrado com papel-toalha. Acrescente um pouco mais de óleo e continue a fritar até usar toda a massa. Sirva com o chutney.

* Para o chutney: aqueça um pouco de óleo em uma panela e refogue 1 cebola grande picada, 3 dentes de alho picados, 5 pimentas dedo-de-moça sem sementes e picadas e 1 cravo. Adicione 1 kg de tomate picado e refogue ligeiramente. Junte ½ xícara (chá) de açúcar, 1¾ xícara (chá) de açúcar mascavo peneirado, 1 xícara (chá) de vinagre de maçã, ¾ de xícara (chá) de água e uma pitada de sal. Deixe cozinhar em fogo médio por cerca de 50 minutos ou até reduzir bem.

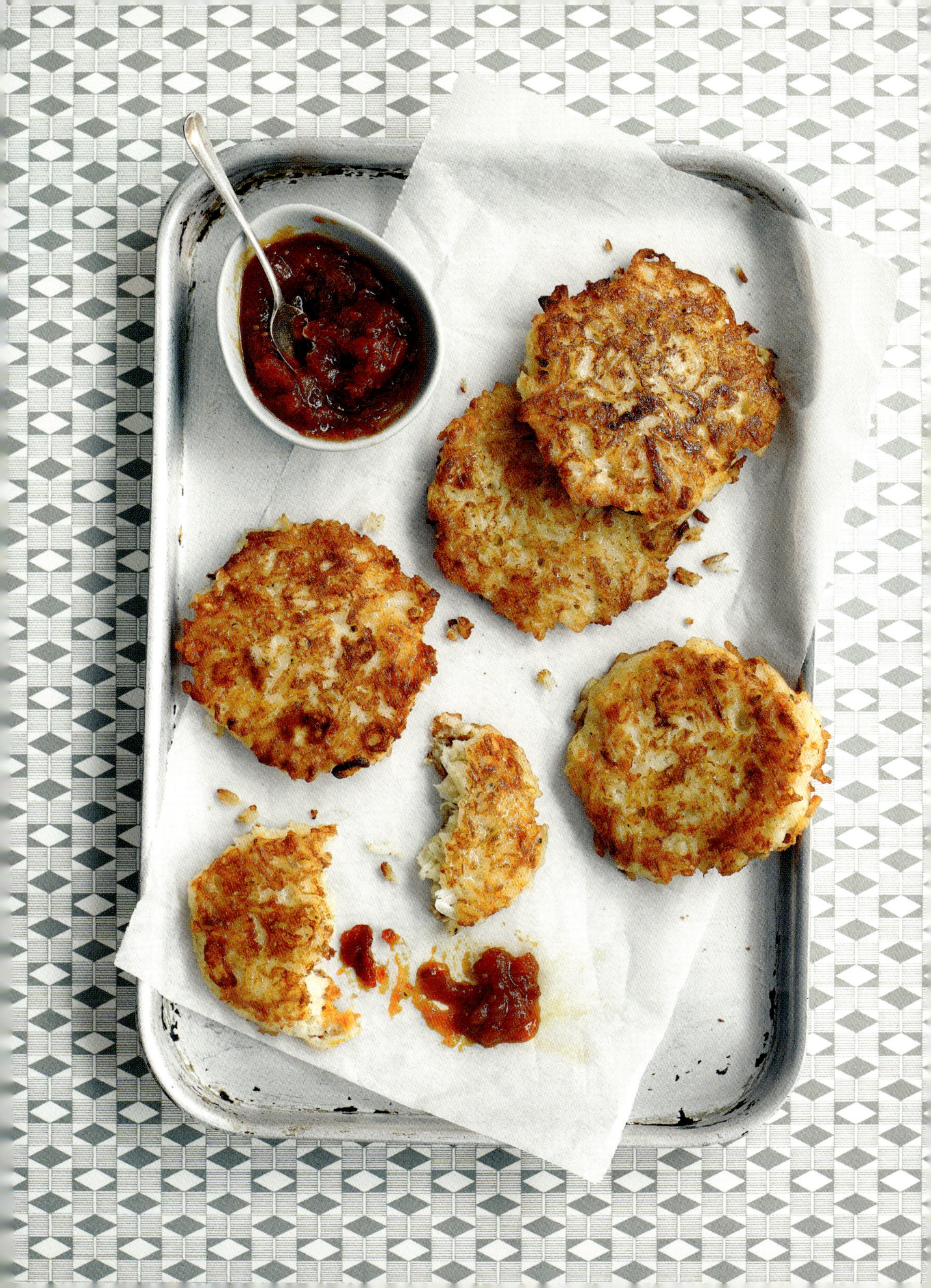

BOLINHO INDIANO
PAKORA DE ARROZ

Tudo fica gostoso frito – e quando o arroz é aromatizado com especiarias perfumadas, coentro e cebola roxa, ele ganha em sabor. Ajuste a quantidade de pimenta de acordo com seu paladar.

Cerca de 20 unidades

45 minutos

75 g de arroz basmati e selvagem misturados
2 cebolas roxas fatiadas
1 pimenta-malagueta verde sem sementes e picada finamente
2 cm de gengibre ralado
100 g de farinha de grão-de-bico
1 colher (chá) de cúrcuma em pó
2 colheres (chá) de garam masala
1 colher (chá) de semente de cominho
½ maço pequeno de coentro picado grosseiramente
óleo, para fritar
sal
chutney e raita,* para servir

Cozinhe o arroz em água com um pouco de sal de acordo com as instruções da embalagem. Espere esfriar um pouco e amasse levemente dentro da panela. Em uma tigela grande, misture a cebola, a pimenta, o gengibre, a farinha e as especiarias; tempere com bastante sal. Junte o arroz frio e água fria suficiente (cerca de 85 ml) para obter uma massa densa. Acrescente o coentro e misture.

Encha metade de uma panela funda com óleo e aqueça a 180°C. Frite, em levas, colheradas da massa por cerca de 3 minutos, até dourar e ficar crocante. Escorra em papel-toalha, adicione sal e continue até usar toda a massa. Sirva imediatamente com chutney e raita.

* Para a raita: fatie finamente um pepino descascado e sem sementes e coloque-o em uma tigela com sal grosso; reserve por 1 hora. Depois lave o pepino, seque bem com papel-toalha e misture com 250 ml de coalhada fresca, 2 dentes de alho picados, 2 colheres (sopa) de hortelã picada, 2 colheres (chá) de semente de cominho, sal e pimenta-do-reino moída na hora.

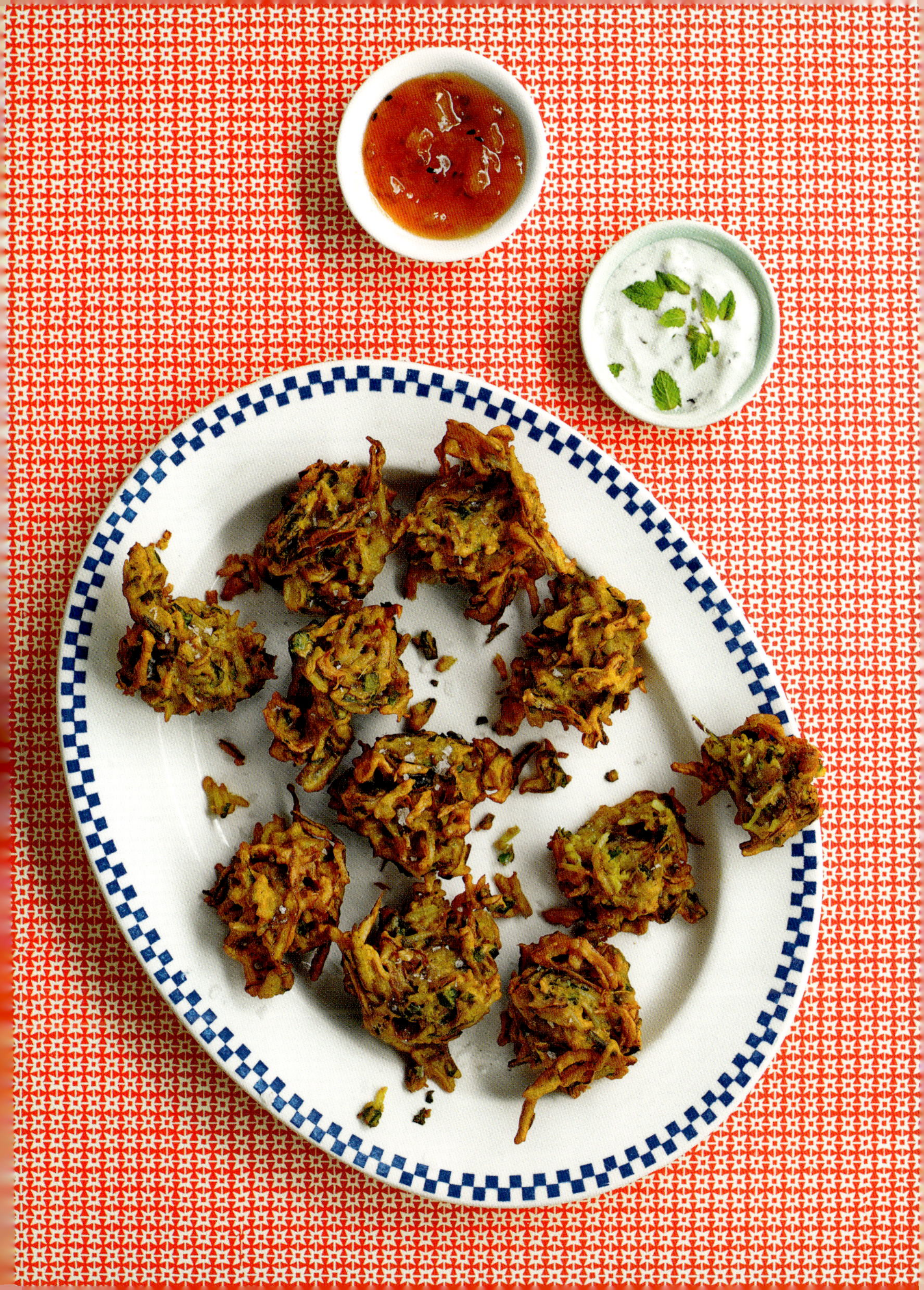

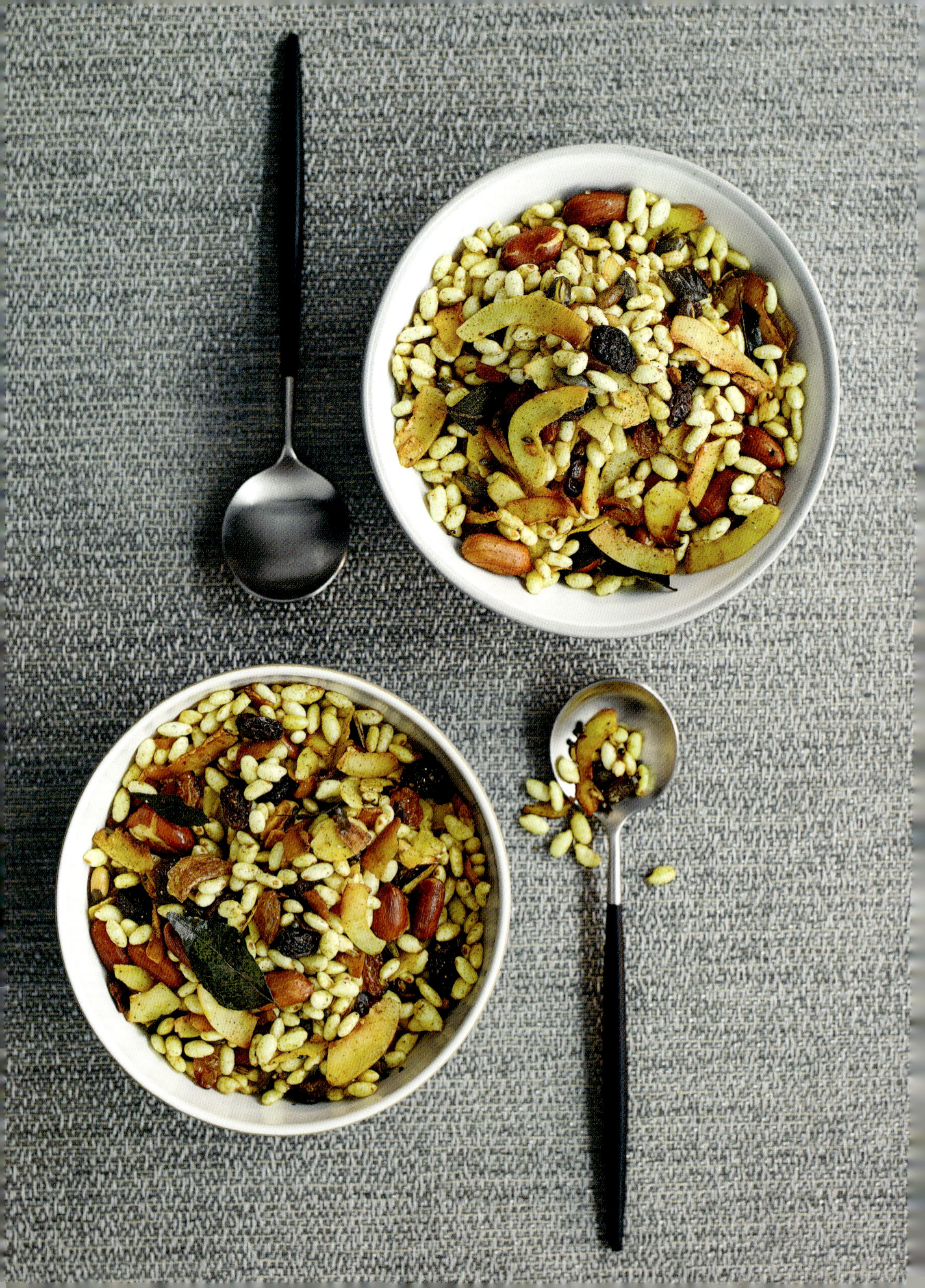

PETISCO TEMPERADO
DE FLOCOS DE ARROZ

Esse petisco, uma alternativa ao mix de castanhas, é tradicionalmente servido com chá, como o indiano masala chai. Deixe os ingredientes prontos e nas medidas certas antes de iniciar o preparo.

🍴 6-8 porções, como aperitivo

⏰ 15 minutos

1 colher (sopa) cheia de óleo de coco
1½ colher (chá) de semente de mostarda preta
1 colher (chá) de semente de erva-doce
50 g de amendoim com pele
4 dentes de alho descascados e amassados
15 folhas frescas [ou secas] de curry
25 g de semente de abóbora
¾ de colher (chá) de cúrcuma
¼-½ colher (chá) de chili em pó
⅛ de colher (chá) de assa-fétida
¾ de colher (chá) de sal
50 g de uva-passa (se puder, use as brancas)
50 g de lascas de coco
75 g de flocos de arroz integral

Em um wok, aqueça o óleo em fogo médio-alto. Junte as sementes de mostarda e de erva-doce, o amendoim e o alho; frite por 1-2 minutos, mexendo sempre, até dourar. Acrescente as folhas de curry e as sementes de abóbora; frite até as sementes começarem a estourar. Adicione as especiarias e o sal; espere alguns segundos e junte a uva-passa e o coco. Mexa por mais 1 minuto, ou até dourar.

Abaixe o fogo e acrescente os flocos de arroz. Mexa para cobrir bem, transfira para uma tigela e deixe esfriar. Mantenha por 1 semana em recipiente hermético.

ROLINHO
★
VIETNAMITA

Substituir os tradicionais noodles de arroz pelo arroz nesse rolinho funciona bem. Essa é uma receita intensa, refrescante e rica em ervas – e o amendoim ainda o torna crocante.

6 unidades grandes

45 minutos

100 g de arroz para sushi
6 folhas de papel de arroz com 20 cm de diâmetro
1 avocado [p. 18] fatiado finamente
150 g (cerca de 18) camarões cozidos
punhados grandes de coentro, hortelã e manjericão tailandês
1 alface-romana pequena
25 g de amendoim salgado, torrado e picado grosseiramente
sal

Para o molho
3 colheres (sopa) de molho hoisin
2 colheres (sopa) de molho de pimenta doce [sweet chilli]
1 colher (sopa) de vinagre de arroz

Cozinhe o arroz em água com um pouco de sal de acordo com as instruções da embalagem. Espalhe em uma assadeira e deixe esfriar. Com as mãos úmidas, divida em seis porções iguais e modele em cilindros com cerca de 5 cm de diâmetro.

Encha uma frigideira grande com água morna. Hidrate uma folha de papel de arroz até ficar macia e transfira para uma tábua de cozinha. No centro da folha, disponha algumas fatias de avocado em forma de leque, cubra com três camarões, um cilindro de arroz, um pouco de ervas e uma ou duas folhas de alface. Espalhe um pouco de amendoim.

Dobre os lados da folha e enrole com firmeza, para prender o recheio. Repita com as folhas e ingredientes restantes – se desejar, mude a ordem do recheio.

Em uma tigela pequena, misture os ingredientes do molho, finalize com o amendoim restante e sirva com os rolinhos.

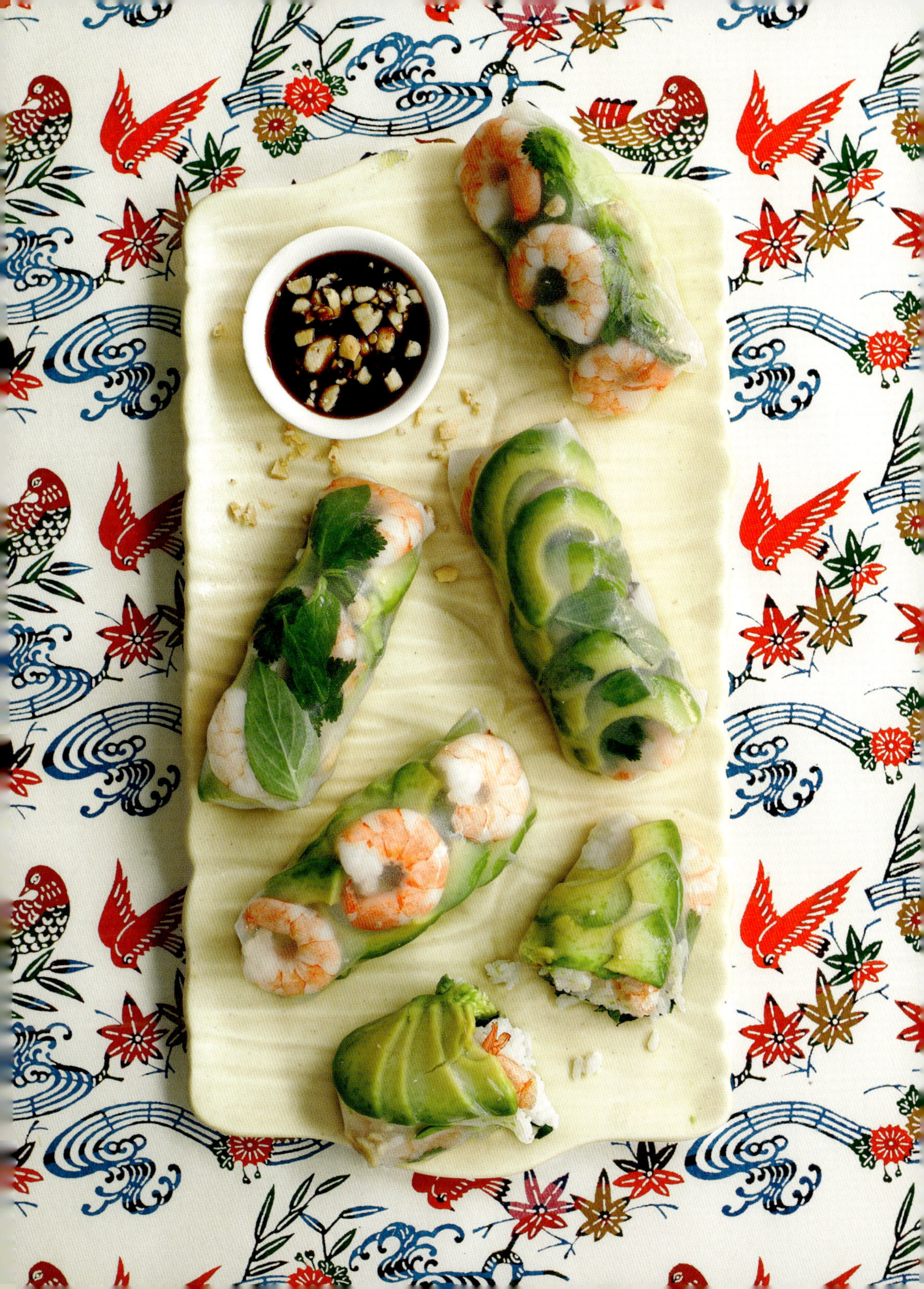

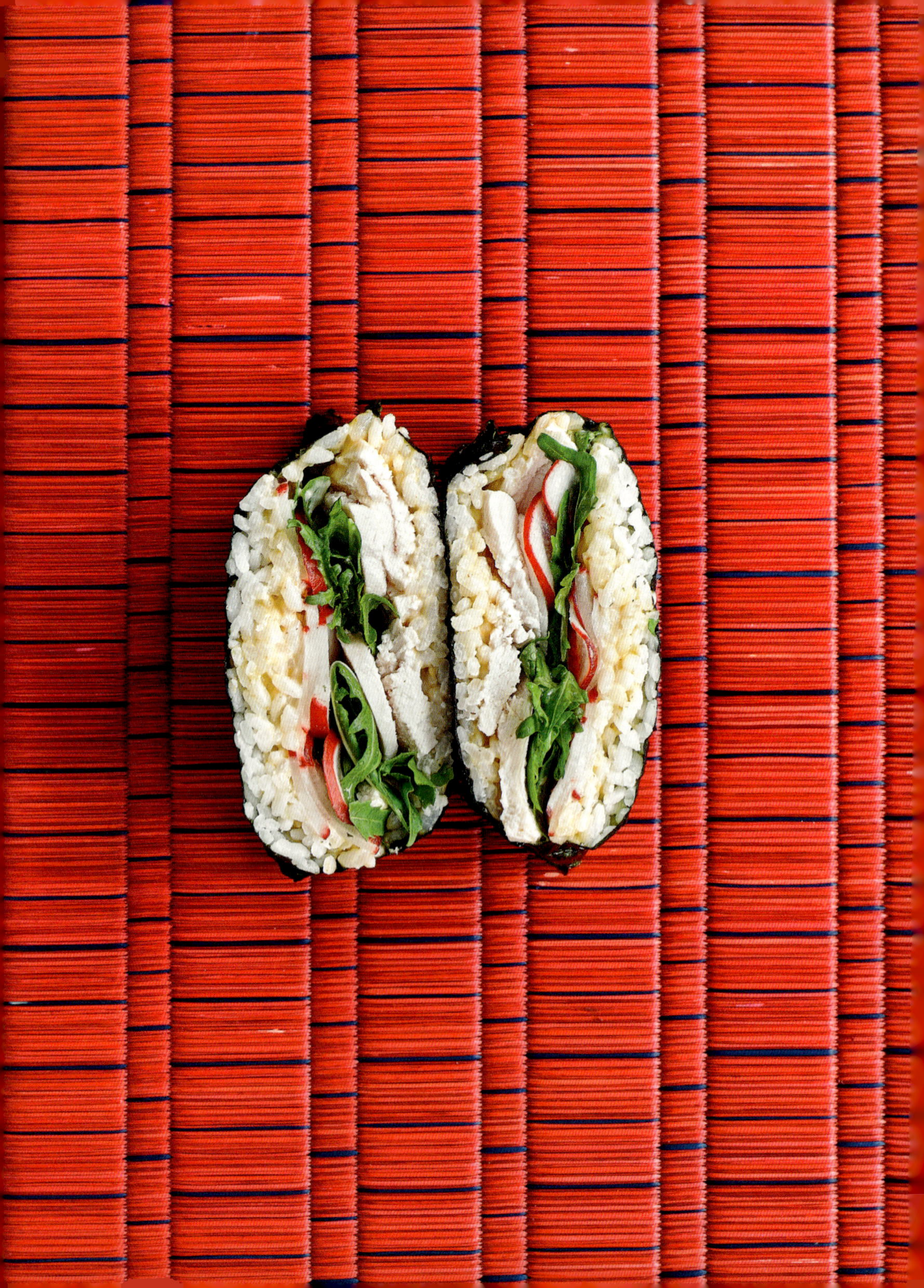

"SANDUÍCHE" DE ARROZ
ONIGIRAZU DE FRANGO

Os japoneses adoram esse "sanduíche" de alga marinha e arroz. Recheie com o que desejar – as combinações são infinitas. Aqui, ele ganha o toque picante da maionese de sriracha.

2 unidades

50 minutos

125 g de arroz para sushi
2 colheres (sopa) de vinagre de arroz
½ colher (chá) de açúcar
4 rabanetes fatiados finamente
1 colher (chá) de molho de pimenta sriracha
2½ colheres (sopa) cheias de maionese
4 folhas de alga nori
dois punhados de rúcula
100 g de peito de frango cozido e fatiado
sal

Lave bem o arroz, coloque-o em uma panela com um pouco de sal e cubra com 165 ml de água fervente. Espere ferver, tampe, abaixe o fogo para o mínimo e cozinhe por 15 minutos. Reserve, tampado, por 10 minutos. Deixe esfriar completamente.

Misture o vinagre, o açúcar, 2 colheres (sopa) de água fria e um pouco de sal em uma tigela pequena. Junte o rabanete e reserve. Em outra tigela pequena, misture o molho de pimenta e a maionese.

Coloque um pedaço de filme de PVC sobre a superfície de trabalho. Cubra com duas folhas de alga, com o lado brilhante para baixo, de modo que uma se sobreponha à outra. Umedeça uma vasilha pequena com água e encha com um quarto do arroz; vire sobre o centro da alga. Cubra o arroz com um quarto da maionese de sriracha, alguns rabanetes escorridos, um punhado de rúcula, metade do frango e mais uma colherada de maionese. Por cima, coloque mais um quarto do arroz, modelado da mesma maneira. Se sobrar alga, apare as bordas. Com a ajuda do filme de PVC, enrole a alga para envolver o recheio. Aperte bem, para formar um quadrado. Leve à geladeira por 15 minutos. Faça o outro sanduíche com os ingredientes restantes. Desembrulhe e use uma faca quente para cortá-los ao meio.

CHARUTINHO DE
FOLHA DE UVA

Item básico do mezze em todo o Oriente Médio, Grécia e Turquia, esse "pacotinho" delicioso é fácil de fazer e rende muito – mas acaba rápido.

Cerca de 30-40 unidades

2 horas

250 g de folhas de uva em conserva (peso escorrido)
200 g de arroz agulhinha
6 colheres (sopa) de azeite extravirgem
50 g de pinhole
2 cebolas grandes picadas
4 dentes de alho amassados
¾ de colher (chá) de pimenta-da-jamaica
50 g de uva-passa
raspas de 1 limão-siciliano e suco de ½ limão-siciliano
2 colheres (chá) de hortelã seca
½ maço pequeno de endro picado finamente
500 ml de caldo quente de legumes
sal e pimenta-do-reino moída na hora
coalhada seca e cunhas de limão-siciliano, para servir

Mergulhe as folhas de uva em água fervente por 20 minutos; escorra e seque com papel-toalha. Demolhe o arroz por 10 minutos.

Em uma frigideira, aqueça 1 colher (sopa) de azeite e frite o pinhole até dourar; remova com uma escumadeira. Mantenha a frigideira no fogo e acrescente 1 colher (sopa) de azeite. Junte a cebola e refogue por 8-10 minutos. Adicione o alho e a pimenta-da-jamaica e refogue por 2 minutos. Escorra o arroz e leve-o à frigideira por 1 minuto. Retire do fogo e incorpore o pinhole, a uva-passa, as raspas e o suco de limão, as ervas, sal e pimenta-do-reino e complete com mais 1 colher (sopa) de azeite. Espalhe 1-2 colheres (sopa) do recheio sobre uma folha, dobre as laterais e enrole. Repita com o restante. Deve haver sobras de folhas.

Forre o fundo de uma panela grande com metade das folhas de uva que sobrarem e disponha os charutinhos sobre elas, em camadas, sem apertar. Regue com o caldo de legumes e o azeite restante e cubra com as demais folhas. Coloque um prato por cima, para pressionar. Ferva em fogo baixo, tampe e cozinhe por 50 minutos-1 hora, até o líquido ser absorvido. Retire do fogo e finalize o cozimento no vapor da panela por 10 minutos. Destampe e deixe esfriar. Sirva com coalhada e cunhas de limão.

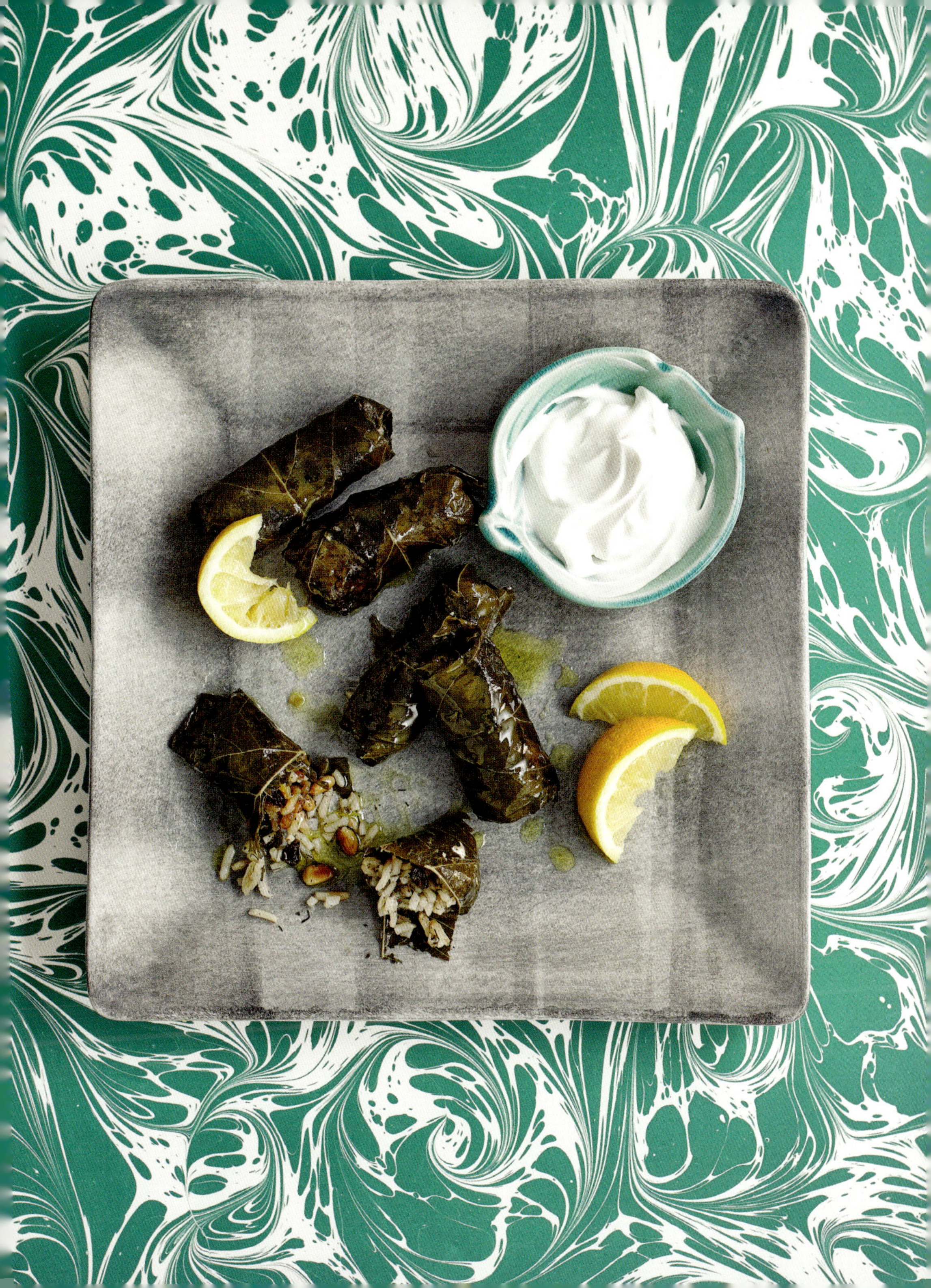

SOPA

★

MULLIGATAWNY

Existem muitas variações dessa sopa com curry. A versão inglesa se tornou popular quando os britânicos ocuparam a Índia nos tempos coloniais.

6-8 porções

Cerca de 1 hora

2 cols. (sopa) de óleo de girassol
1 cebola grande picada finamente
1 cenoura picada finamente
2 talos de aipo picados finamente
3 dentes de alho amassados
4 cm de gengibre picado
2 colheres (chá) de garam masala
½ colher (chá) de cúrcuma
1½ colher (sopa) de curry em pó
½ noz-moscada ralada na hora
125 g de lentilha vermelha
550 g de abóbora-cheirosa em cubos
2 cols. (sopa) de purê de tomate
1,2 litro de caldo de legumes
400 ml de leite de coco
175 g de arroz jasmim
sal e pimenta-do-reino moída na hora
1 maçã verde cortada em palitos
suco de ½ limão, mais cunhas para servir
50 g de castanha-de-caju tostada
um punhado de coentro

Em uma panela grande, aqueça o óleo em fogo médio. Junte a cebola, a cenoura e o aipo e refogue por cerca de 8 minutos, até ficarem macios. Acrescente o alho, o gengibre e as especiarias e refogue por 2 minutos. Adicione a lentilha, a abóbora e o purê de tomate. Mexa, despeje o caldo e o leite de coco e ferva em fogo baixo. Tampe e cozinhe por 30 minutos, até a lentilha e a abóbora ficarem macias. Deixe esfriar um pouco.

Cozinhe o arroz de acordo com as instruções da embalagem. Trabalhando em levas, bata a sopa no liquidificador com metade do arroz, até ficar homogêneo. Recoloque na panela, acrescente o arroz restante e um pouco de água, se estiver muito denso. Tempere com sal e pimenta-do-reino e aqueça bem.

Misture a maçã e o suco de limão. Distribua a sopa entre bowls e finalize com a maçã, a castanha-de-caju e algumas folhas de coentro. Sirva com as cunhas de limão, para espremer sobre a sopa.

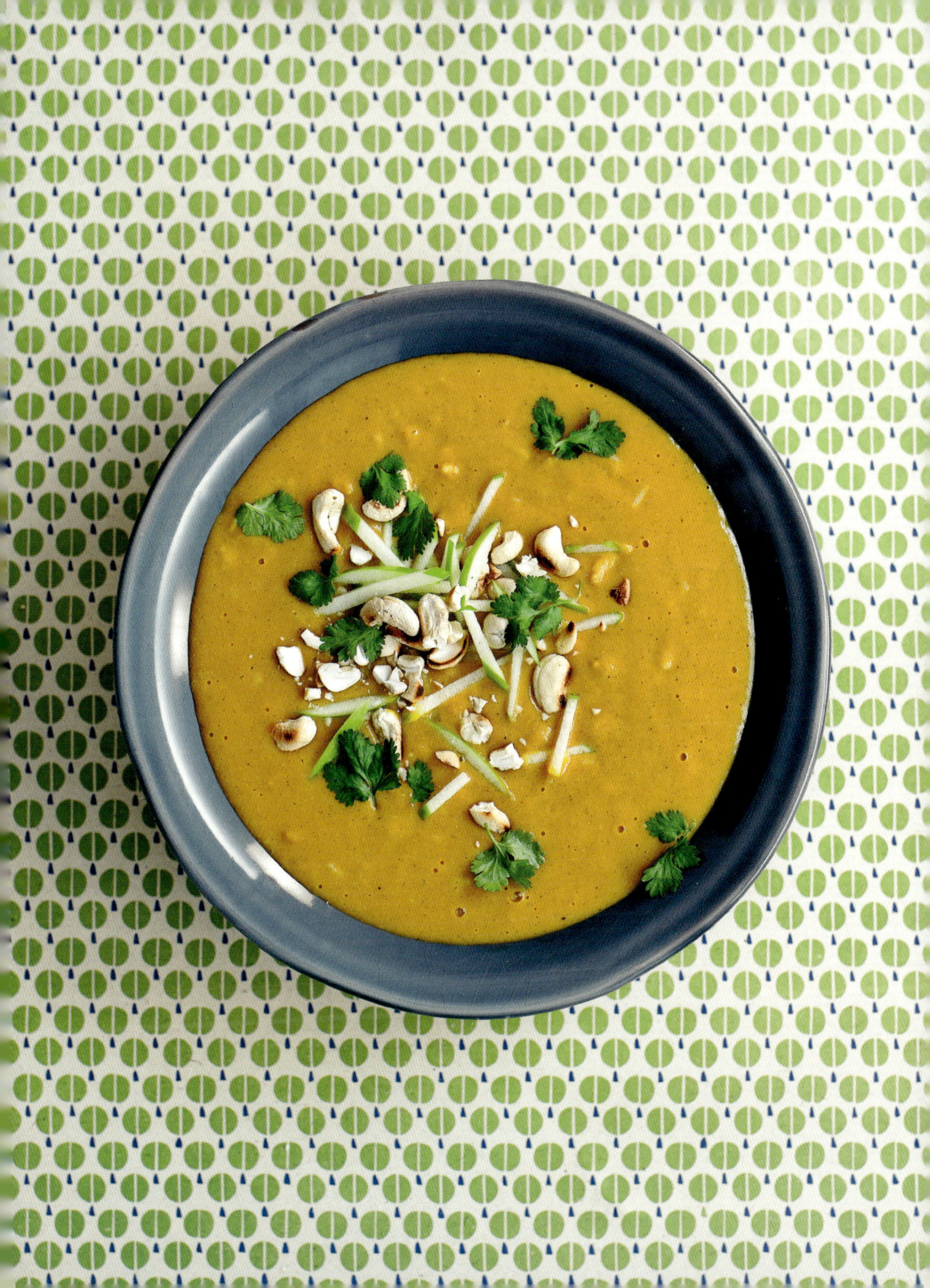

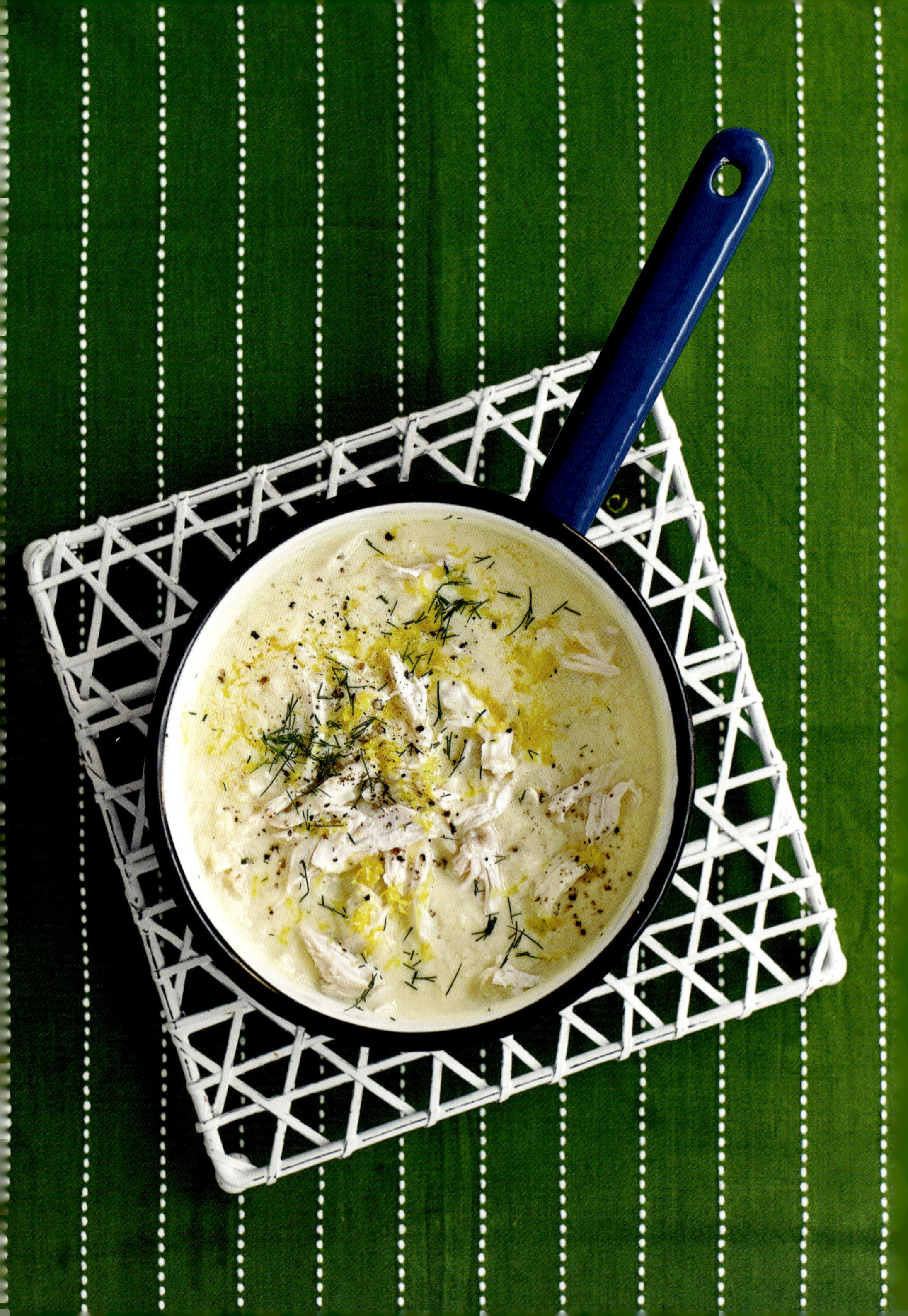

SOPA

★

AVGOLEMONO

Leve e refrescante, essa receita clássica da Grécia é servida na época de Natal. Encorpada com ovo, leva arroz para deixá-la homogênea e tem uma agradável textura aveludada.

6 porções

45 minutos

1,5 litro de caldo de frango fresco
3 peitos de frango
125 g de arroz agulhinha
6 ovos
suco de 2 limões-sicilianos e raspas de 1 limão-siciliano
2 colheres (sopa) de manteiga
um punhado de endro picado
sal e pimenta-do-reino moída na hora

Ferva o caldo de frango em uma panela grande. Diminua o fogo, junte os peitos de frango e cozinhe por 10-15 minutos — para ver se estão cozidos por inteiro, corte a parte mais grossa. Retire com uma escumadeira e espere esfriar. Ferva novamente o caldo, acrescente o arroz e cozinhe por 12 minutos. Desligue.

Em uma tigela, bata os ovos por 2 minutos, até a mistura ficar leve e espumosa. Adicione o suco de limão, 1 colher (chá) de raspas, um pouco de sal e pimenta-do-reino e 200 ml do caldo quente do arroz. Aos poucos, e sem parar de mexer, despeje a mistura de ovos na panela. Cozinhe em fogo baixo por 10 minutos, mexendo sempre, até ficar homogêneo e engrossar um pouco. Tome cuidado para não ferver, ou os ovos vão cozinhar. Desfie o frango e junte à sopa; acrescente a manteiga, prove e acerte o tempero.

Distribua entre bowls e finalize com o endro, as raspas de limão restantes e um pouco de pimenta-do-reino moída na hora.

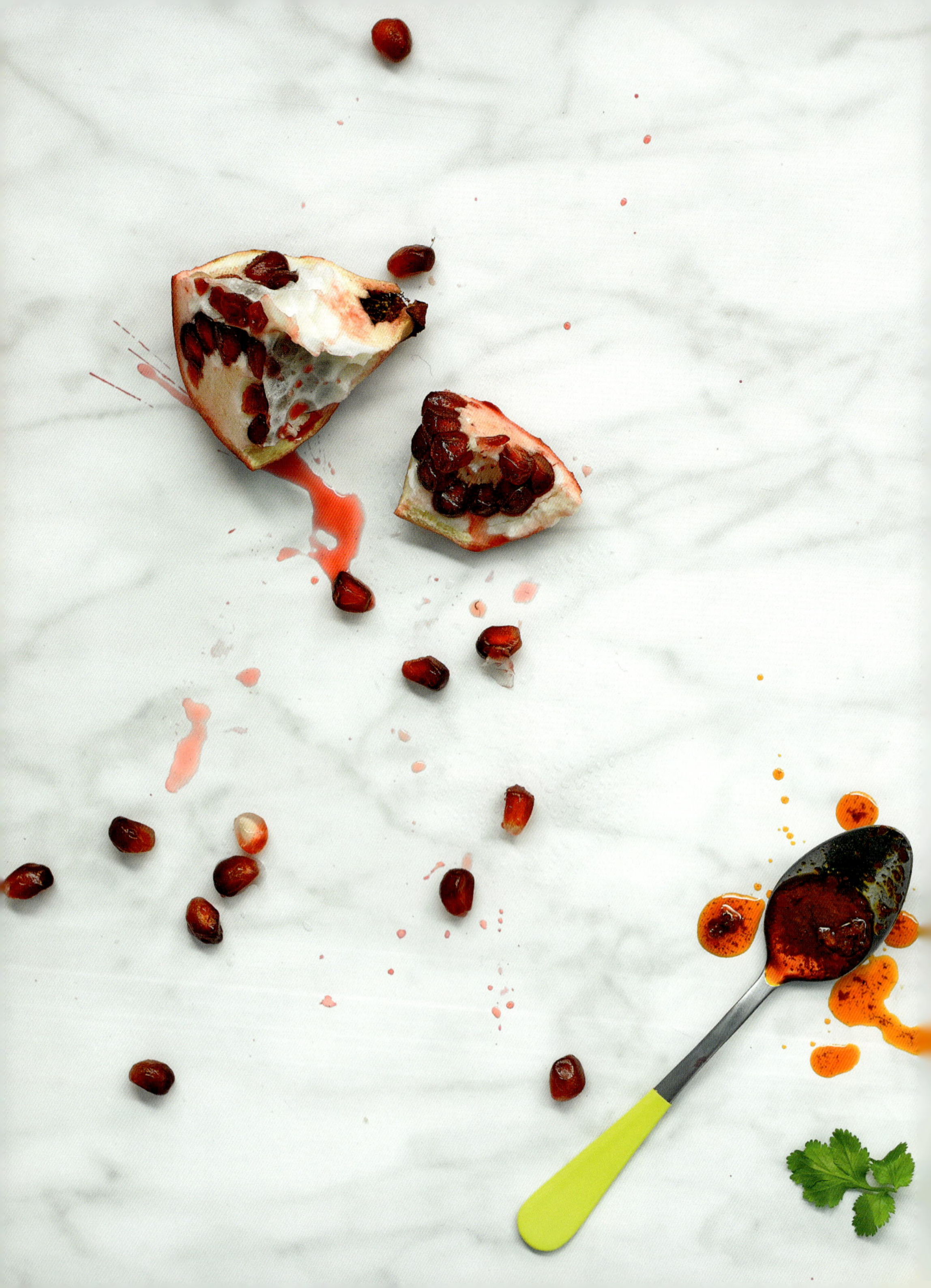

PRATOS
★
PRINCIPAIS

RISI E
★
BISI

Esse prato parece um risoto de consistência mais líquida, embora ainda possa ser comido com garfo – se desejar, ajuste a quantidade de caldo. Para uma versão vegana, dispense o parmesão e a pancetta e use caldo de legumes.

4 porções

40 minutos

25 g de manteiga
2 colheres (chá) de azeite
1 cebola picada finamente
2 dentes de alho amassados
225 g de arroz arbório ou carnaroli
um maço pequeno de salsa picado
1,2 litro de caldo quente de frango ou de legumes
375 g de ervilha congelada
50 g de parmesão ralado na hora
12 fatias finas de pancetta [ou bacon]
um punhado de broto de ervilha (opcional)
sal e pimenta-do-reino moída na hora

Em uma panela, derreta a manteiga e 1 colher (chá) de azeite. Refogue a cebola por 8 minutos, até ficar macia; junte o alho e mexa. Junte o arroz e metade da salsa; mexa para cobrir. Acrescente o caldo, tempere com sal e pimenta-do-reino e ferva em fogo baixo por 15 minutos, mexendo de vez em quando.

Adicione a ervilha e cozinhe por 5 minutos, ou até o arroz ficar *al dente*. Apague o fogo, espalhe o parmesão e tempere com sal e pimenta-do-reino.

Aqueça o azeite restante em uma frigideira e frite a pancetta até ficar crocante. Distribua o arroz entre vasilhas rasas, adicione a pancetta e o óleo da frigideira e finalize com a salsa restante e o broto de ervilha.

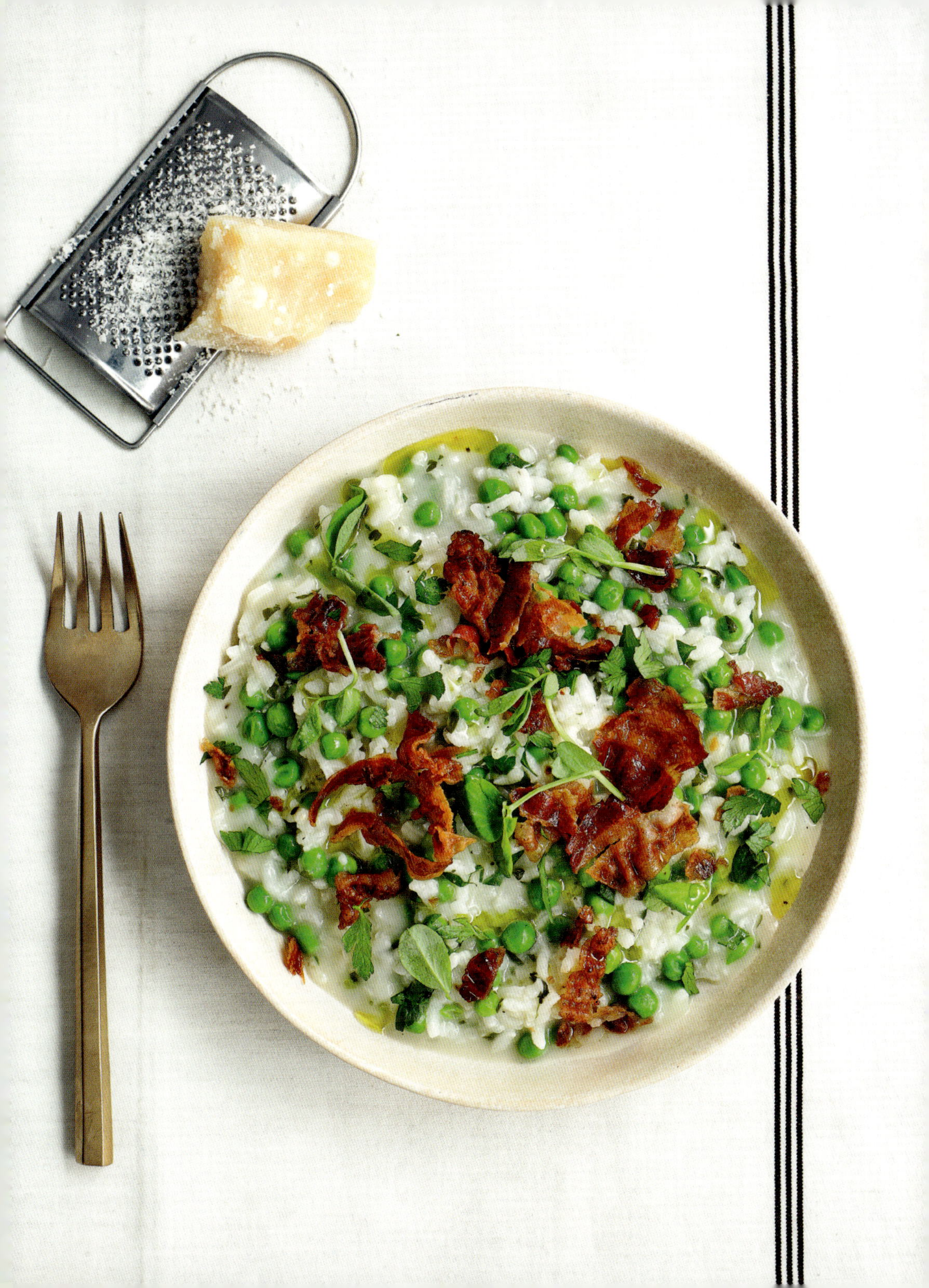

ARROZ

⭐

KEDGEREE

A origem do kedgeree não é clara, mas há uma hipótese de que seja a versão colonial do século XIV de uma receita do Sul da Ásia chamada khichri. Seja como for, é uma excelente opção para um jantar leve ou até para brunch.

🍴 4 porções

⏰ Cerca de 1 hora

300 g de hadoque defumado [ou bacalhau] sem pele e sem espinhas
1 folha de louro
uma boa pitada de noz-moscada ralada na hora
600 ml de leite integral
50 g de manteiga
1 cebola picada finamente
2 colheres (chá) de curry em pó
1 colher (chá) de cúrcuma
3 bagas de cardamomo trituradas
280 g de arroz basmati
4 ovos
½ maço pequeno de cebolinha-francesa picado finamente
½ maço pequeno de coentro picado grosseiramente
sal e pimenta-do-reino moída na hora
1 limão-siciliano cortado em cunhas, para servir

Coloque o hadoque em uma panela. Junte o louro, a noz-moscada e um pouco de pimenta-do-reino. Cubra com o leite – se necessário, acrescente mais um pouco. Ferva em fogo baixo, desligue, tampe e reserve por 10 minutos.

Retire o peixe do líquido; descarte o louro e reserve o leite. Lave a panela e recoloque-a no fogo com metade da manteiga. Refogue a cebola em fogo baixo por 8 minutos. Adicione as especiarias e mexa; junte o arroz, tempere com sal e misture, para cobrir os grãos. Acrescente o leite reservado, espere ferver, tampe e cozinhe em fogo baixo por 15 minutos. Apague o fogo, incorpore a manteiga restante, disponha o peixe por cima do arroz e reserve por 10 minutos.

Ferva água em uma panela pequena e cozinhe os ovos em fogo baixo por 6½ minutos. Passe sob água fria, descasque e corte em quartos. Com cuidado, desfie o peixe em lascas, misturando-o ao arroz, e junte a maior parte das ervas. Divida entre os pratos e acrescente o ovo. Espalhe as ervas restantes e sirva com cunhas de limão.

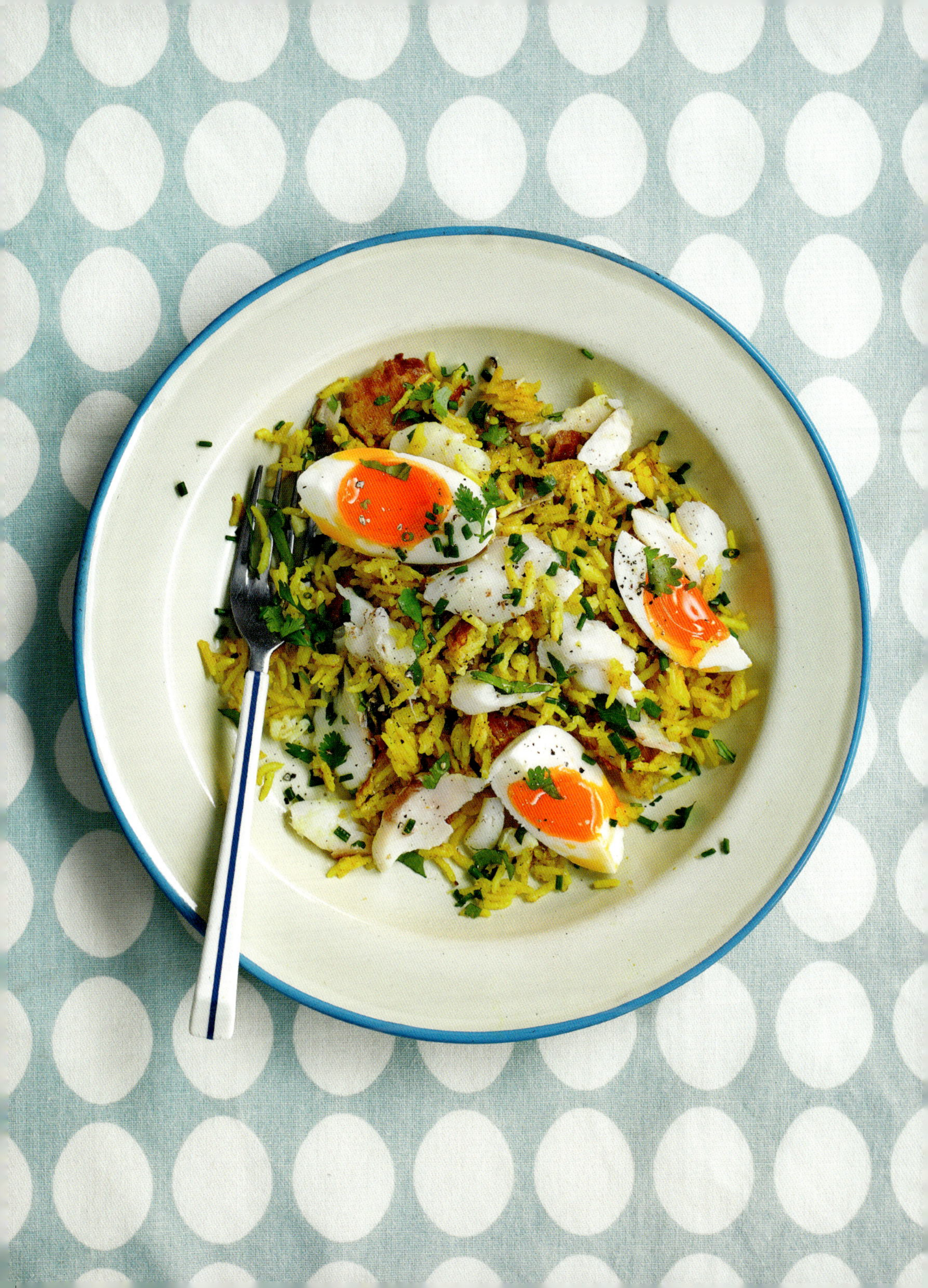

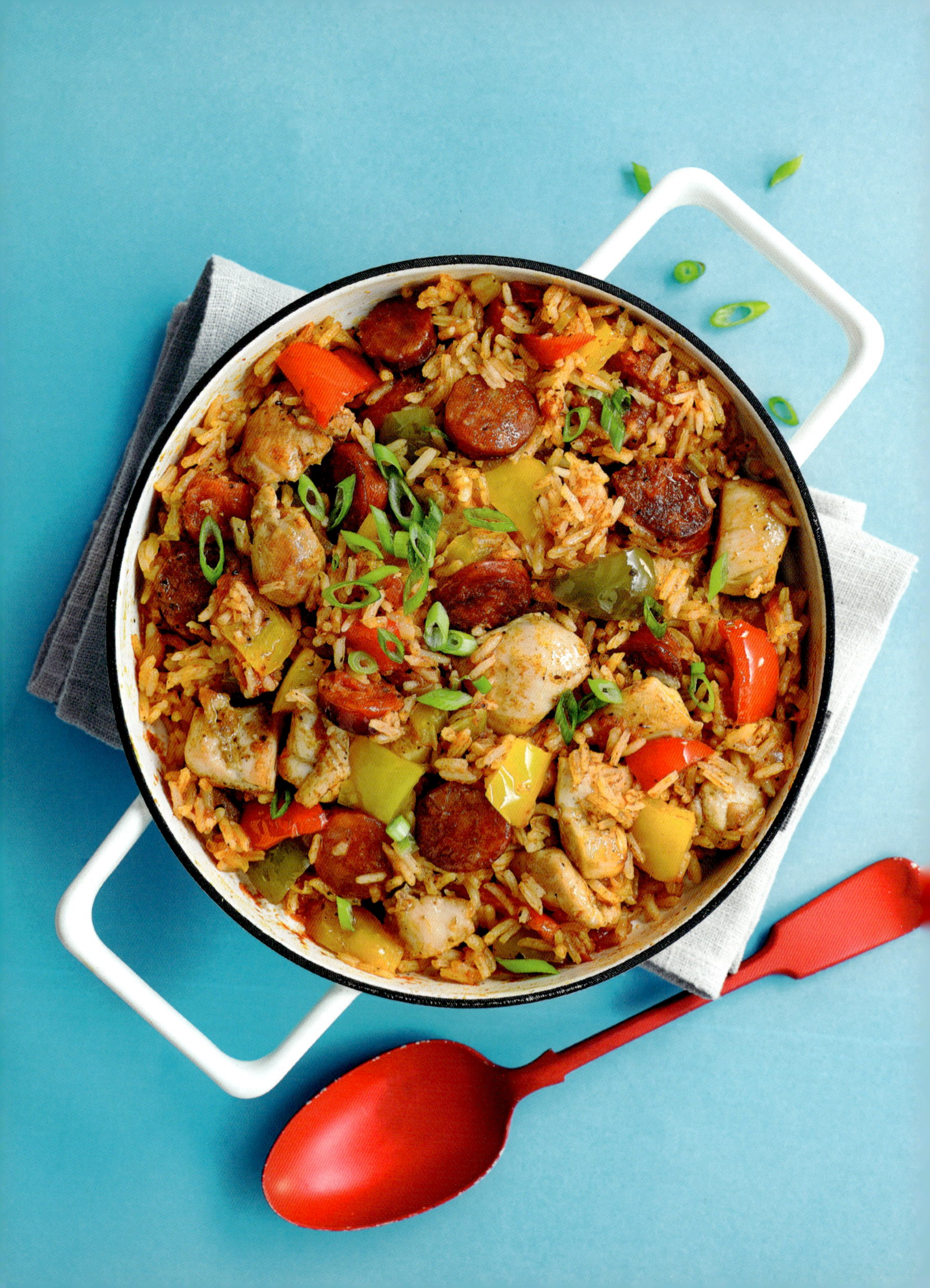

ARROZ

★

JAMBALAYA

Fusão das culinárias francesa e espanhola, esse prato – cujo nome quer dizer "mixórdia" ou "mistura" – vem da Louisiana. A receita traz a "santíssima trindade" das cozinhas creole e cajun: um refogado de cebola, aipo e pimentão.

🍴 6 porções

⏰ Cerca de 1 hora

200 g de linguiça defumada fatiada grosseiramente
6 sobrecoxas de frango desossadas, sem pele e cortadas em pedaços
1 cebola grande picada finamente
1 talo de aipo picado finamente
3 pimentões de cores variadas picados grosseiramente
1 colher (sopa) de azeite
3 dentes de alho amassados
1 colher (sopa) de tempero cajun
300 g de arroz agulhinha
3 ramos de tomilho
400 g de tomate pelado em lata picado
650 ml de caldo quente de frango
5 cebolinhas fatiadas finamente
sal e pimenta-do-reino moída na hora

Aqueça uma frigideira grande com tampa em fogo médio-alto. Coloque a linguiça e frite até soltar óleo e dourar. Retire com uma escumadeira e reserve. Acrescente o frango à panela e doure por 10-15 minutos; retire e reserve também.

Na mesma panela, junte a cebola, o aipo, o pimentão e o azeite; refogue por 5-8 minutos, ou até ficar macio. Adicione o alho e o tempero cajun; refogue por 1-2 minutos. Acrescente o arroz, mexa para cobrir os grãos, tempere com sal e pimenta-do-reino e recoloque na panela as carnes reservadas com os ramos de tomilho. Cubra com o tomate e o caldo de frango. Ferva em fogo baixo, tampe e cozinhe por 20-25 minutos. Desligue e finalize o cozimento no próprio vapor da panela por mais 10 minutos. Espalhe a cebolinha na hora de servir.

PIMENTÃO
★
RECHEADO

Essa receita clássica é a típica *comfort food*. O que sobrar fica ótimo servido frio no dia seguinte.

🍴 6 porções

⏰ Cerca de 1h30

2 cols. (sopa) de azeite extravirgem, mais um pouco para regar
1 cebola picada finamente
2 dentes de alho amassados
150 g de arroz parboilizado
600 ml de caldo quente de carne ou de cordeiro
6 pimentões de cores variadas
2 cols. (chá) de pimenta-da-jamaica
250 g de carne de cordeiro moída
50 g de pinhole tostado
2 cols. (sopa) de purê de tomate
50 g de uva-passa
1 maço pequeno de salsa picado
1 colher (chá) de sal
pimenta-do-reino moída na hora
Para o molho
250 g de coalhada fresca
1 dente de alho amassado
um punhado de endro picado

Preaqueça o forno a 200°C. Em uma panela, aqueça o azeite e refogue a cebola por cerca de 8 minutos, até ficar macia. Junte o alho e o arroz e misture. Diminua o fogo e acrescente 150 ml do caldo. Tampe e cozinhe por 10 minutos, até todo o líquido ser absorvido. Transfira para uma tigela grande e espere esfriar.

Corte o topo dos pimentões — reserve as tampas — e retire as sementes e o miolo. Coloque-os em uma travessa refratária funda e, se necessário, apare as bases dos pimentões (sem fazer furos) para mantê-los na vertical.

Adicione ao arroz frio a pimenta-da-jamaica, a carne moída, o pinhole, o purê de tomate, a uva-passa, a salsa, 150 ml de caldo, sal e pimenta-do-reino. Distribua o recheio entre os pimentões, apertando bem. Despeje um pouco de caldo e cubra com as tampas reservadas. Regue com azeite e coloque o caldo restante no fundo da travessa. Cubra com papel-alumínio e asse por 45 minutos. Retire o papel e deixe no forno por mais 20 minutos.

Misture a coalhada, o alho, o endro e um pouco de sal e pimenta-do-reino. Sirva com os pimentões.

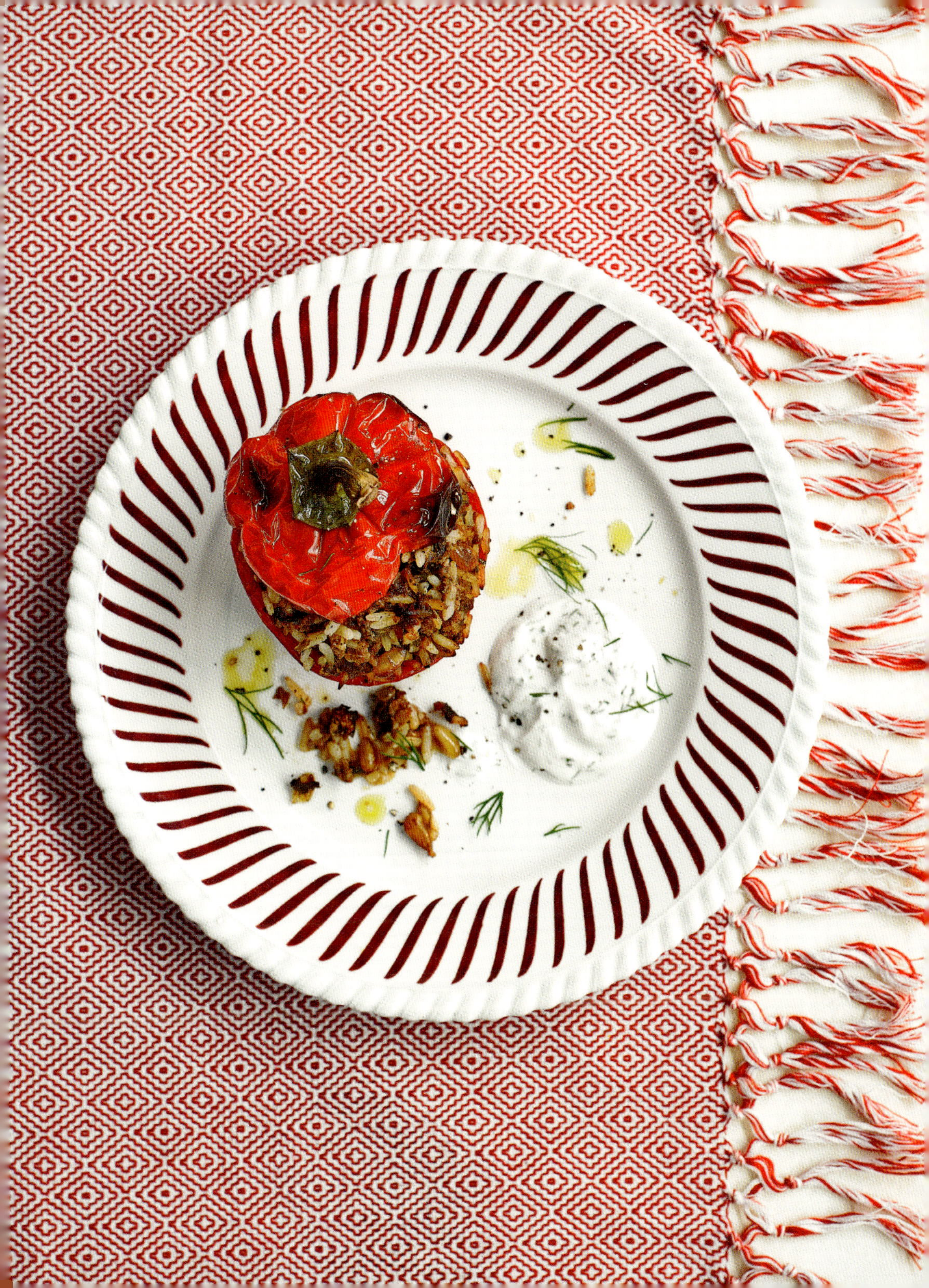

ARROZ

⭐

PILAFE PICANTE

Use favas verdes congeladas para fazer a receita de maneira mais rápida. Se os grãos forem mais velhos, é preciso descascá-los e tirar a pele, que pode ser indigesta.

🍴 4 porções

⏰ 40 minutos

280 g de arroz basmati
75 g de manteiga
2 alhos-porós fatiados finamente
2 dentes de alho amassados
½ colher (chá) de pimenta-da-
 -jamaica
425 ml de caldo quente de
 legumes ou frango
300 g de fava verde congelada
 (descongele antes de usar)
250 g de aspargo cortado em
 pedaços de 4 cm
50 g de pistache picado
½ maço pequeno de endro picado
sal e pimenta-do-reino moída
 na hora
coalhada seca
1½-2 colheres (chá) de pimenta
 aleppo em flocos [ou pimenta-
 -rosa]

Coloque o arroz em uma vasilha e cubra com água fria. Enquanto isso, aqueça 50 g de manteiga em uma panela grande em fogo médio. Quando espumar, junte o alho-poró e refogue por 8 minutos, até ficar macio. Acrescente o alho e a pimenta-da-jamaica. Escorra o arroz, coloque-o na panela e misture, para cobrir os grãos com a manteiga. Adicione o caldo, tempere com sal e pimenta-do-reino e espere ferver. Reduza o fogo para o mínimo, tampe e cozinhe por 10 minutos.

Destampe rapidamente a panela e junte a fava e o aspargo; tampe outra vez e cozinhe por mais 5 minutos. Retire do fogo e finalize o cozimento no próprio vapor da panela por mais 10 minutos.

Em uma frigideira, toste o pistache. Acrescente o pistache tostado e o endro ao arroz. Divida entre os pratos e disponha uma colherada de coalhada em cada porção. Recoloque a frigideira no fogo com a manteiga restante. Quando espumar, junte a pimenta aleppo, aqueça e despeje um pouco sobre cada prato.

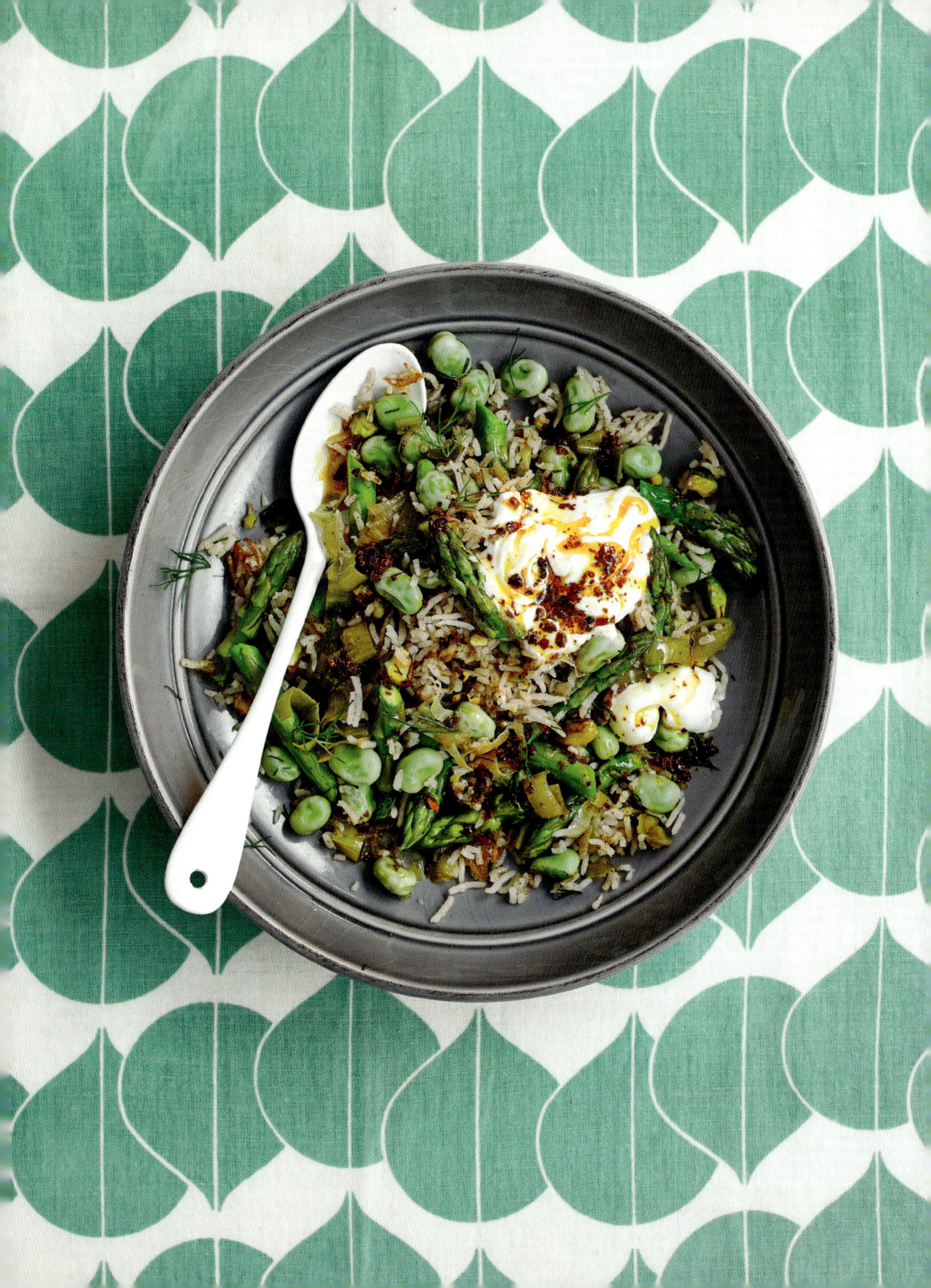

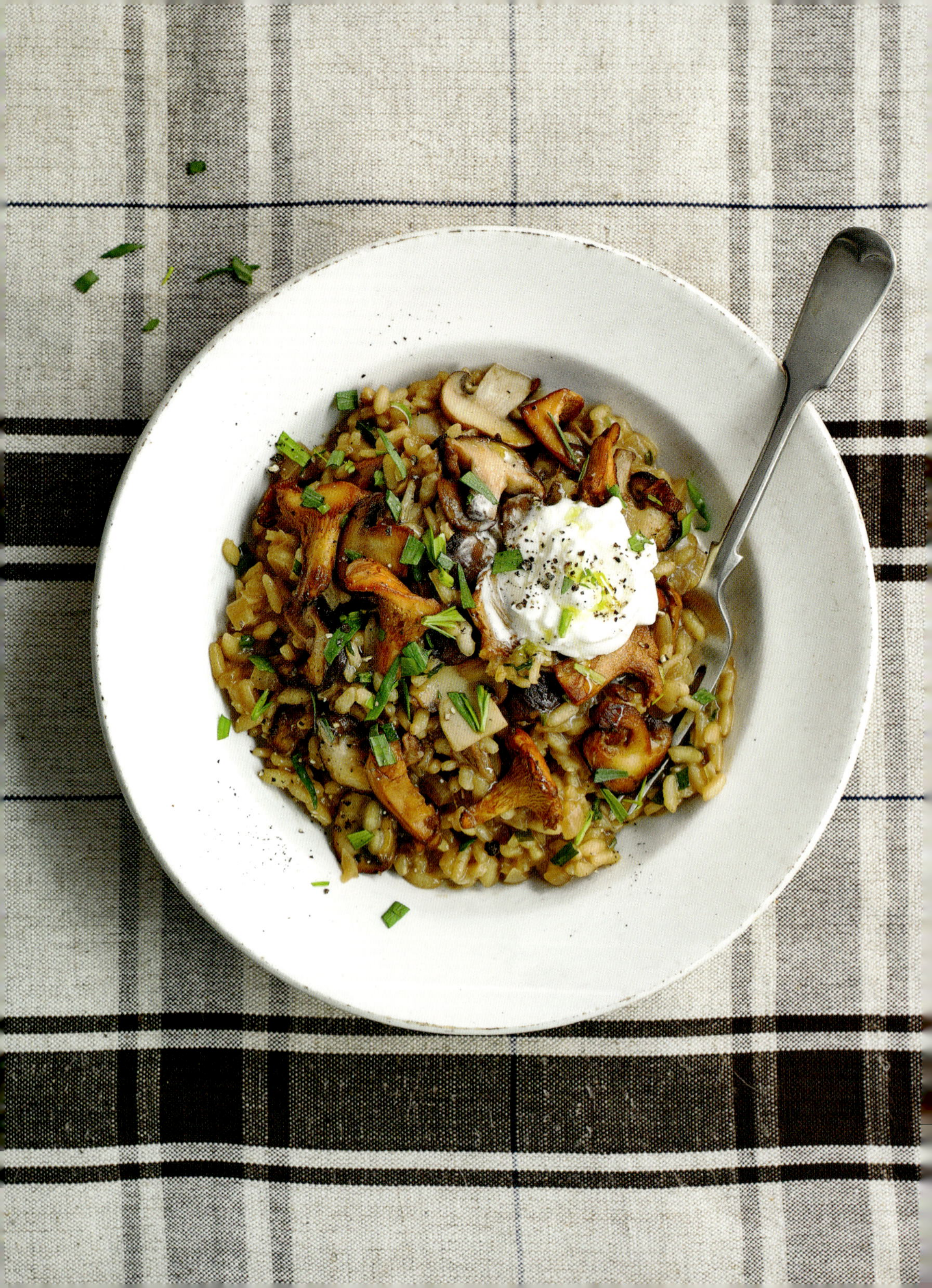

RISOTO DE
★
COGUMELO

Incremente o risoto tradicional com tipos variados de cogumelos, azeite trufado e mascarpone. Certifique-se de que o arroz mantenha o centro firme na hora de desligar o fogo, pois vai amolecer um pouco enquanto descansa.

2 porções

45 minutos, mais demolha

15 g de cogumelo porcini seco
25 g de manteiga
1 cebola pequena picada finamente
175 g de arroz arbório
100 ml de vinho branco
500-600 ml de caldo quente de legumes ou de frango
225 g de cogumelos variados [como cogumelo-de-paris e shiitake] fatiados
1 colher (sopa) de estragão picado finamente
25 g de parmesão ralado finamente na hora
2 colheres (sopa) de mascarpone
1-2 colheres (chá) de azeite trufado
sal e pimenta-do-reino moída na hora

Hidrate o porcini em 150 ml de água fervente por 30 minutos. Escorra, reserve o líquido e pique.

Em uma panela, derreta metade da manteiga em fogo médio e refogue a cebola por 5-8 minutos, até ficar macia. Junte o arroz e toste por 2 minutos. Acrescente o vinho e deixe borbulhar, mexendo até evaporar. Adicione o porcini e o líquido em que foi hidratado e mexa para incorporar.

Despeje uma concha de caldo de cada vez, mexendo e esperando que o arroz absorva a maior parte do líquido antes de acrescentar mais. O processo deve levar 20 minutos. Quando o arroz estiver *al dente*, apague o fogo – pode não ser necessário usar todo o caldo.

Aqueça a manteiga restante em uma frigideira grande e frite os cogumelos até dourarem; tempere com sal e pimenta-do-reino. Adicione metade ao risoto, junto com 2 colheres (chá) de estragão. Espalhe o parmesão, tampe e reserve por 5 minutos. Mexa e distribua entre os bowls. Finalize com os cogumelos e o estragão restantes, uma colherada de mascarpone, um fio de azeite e pimenta-do-reino.

BULGOGI

★

BIBIMBAP

Embora leve muitos ingredientes, esse prato coreano pode ser feito mais rápido se você deixar tudo preparado antes de começar a cozinhar.

2 porções

Cerca de 1 hora

250 g de alcatra sem gordura fatiada finamente
200 g de arroz para sushi
óleo de gergelim suficiente para fritar e temperar
75 g de shiitake fatiado
1 dente de alho amassado
2 colheres (chá) de gergelim
75 g de espinafre
molho de soja a gosto, para temperar
50 g de pepino fatiado
1 cenoura pequena descascada e cortada finamente em palitos
50 g de broto de feijão
óleo vegetal, para fritar
2 ovos
sal e pimenta-do-reino a gosto
pasta de pimenta gochujang ou molho de pimenta sriracha, para servir

Em uma tigela, misture os ingredientes da marinada (p. 82). Junte a carne e leve à geladeira por 30 minutos. Para a conserva de rabanete (p. 82), misture em uma vasilha 2 colheres (sopa) de vinagre de arroz, meia colher (sopa) de mel, 2 colheres (sopa) de água fria e sal; adicione o rabanete e reserve. Cozinhe o arroz de acordo com as instruções da embalagem e finalize no vapor da panela tampada.

Aqueça 1 colher (chá) de óleo de gergelim em uma frigideira e refogue o shiitake por 5 minutos. Junte o alho, sal e pimenta-do-reino a gosto e deixe por 30 segundos. Retire e reserve. Na mesma frigideira, aqueça mais 1 colher (chá) de óleo de gergelim e frite o gergelim até dourar. Acrescente o espinafre e refogue até murchar; transfira para uma tigela e tempere com molho de soja e óleo de gergelim.

ingredientes e modo de preparo continuam na próxima página...

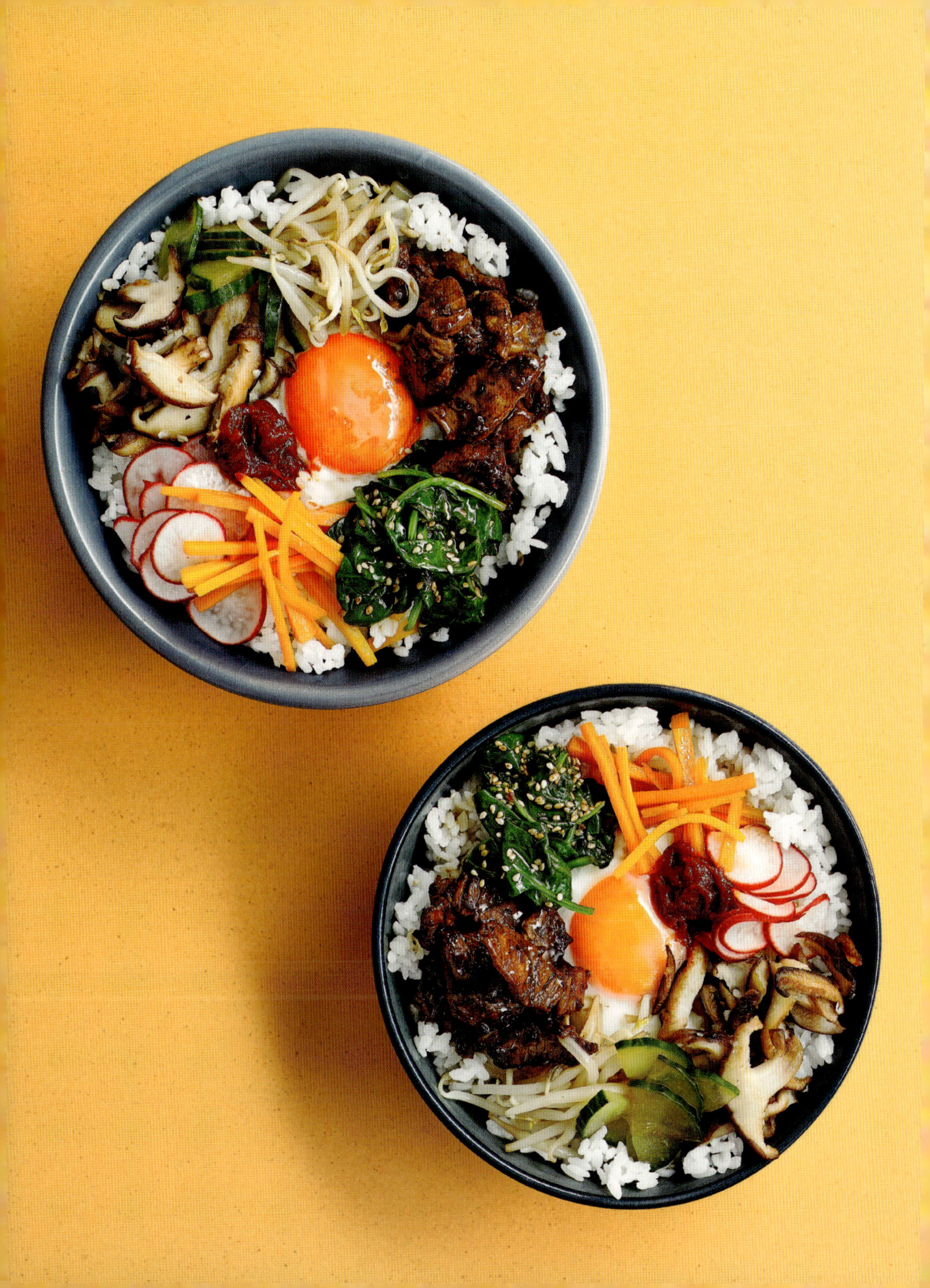

BULGOGI BIBIMBAP
continuação...

Para a marinada
1½ colher (sopa) de vinagre de arroz
1 colher (sopa) de mel
1 colher (chá) de óleo de gergelim
1½ colher (sopa) de molho de soja
2 colheres (chá) de gengibre ralado

Para a conserva de rabanete
2 colheres (sopa) de vinagre de arroz
½ colher (sopa) de mel
sal
4 rabanetes fatiados

Ferva água em uma panela e branqueie o pepino por 1-2 minutos. Retire com uma escumadeira, transfira para uma vasilha e tempere com molho de soja e óleo de gergelim. Repita o processo com a cenoura e o broto de feijão.

Recoloque a frigideira em fogo bem alto, regue com um pouco de óleo vegetal e sele a carne por 3-4 minutos, até caramelar – faça isso em levas. Coloque toda a carne de volta na frigideira e frite até dourar e ficar brilhante. Reserve e limpe a frigideira. Aqueça um fio de óleo e frite os ovos.

Divida o arroz entre bowls rasos. Cubra com os ovos, os vegetais, a conserva de rabanete e a carne, em montinhos separados e definidos. Adicione uma colherada de pasta de pimenta e sirva – leve também a pimenta à mesa, caso alguém prefira o prato mais picante.

TORTA RUSSA
★
COULIBIAC DE SALMÃO

As porções individuais dessa torta de peixe clássica da Rússia podem ser feitas com antecedência e mantidas na geladeira ou no freezer até a hora de assar.

4 unidades

Cerca de 1 hora, mais refrigeração

25 g de manteiga, mais 1-2 colheres (sopa)
1 cebola picada finamente
1 dente de alho amassado
100 g de cogumelo-de-paris picado finamente
2 filés (cerca de 140 g cada um) de salmão
85 g de arroz basmati e selvagem misturados
2 ovos, mais 1 ovo batido
½ maço pequeno de endro picado finamente
raspas de 1 limão-siciliano e suco de ½ limão-siciliano
500 g de massa folhada
farinha de trigo, para enfarinhar
sal e pimenta-do-reino moída na hora

Em uma frigideira grande, aqueça 25 g de manteiga e refogue a cebola por 8 minutos. Junte o alho e o cogumelo-de-paris, aumente o fogo e refogue até dourar e o líquido evaporar. Transfira para uma tigela. Recoloque a frigideira no fogo, acrescente 1-2 colheres (sopa) de manteiga e frite o salmão por 5 minutos, com a pele voltada para baixo. Vire e retire a frigideira do fogo. Reserve por 3 minutos, retire o peixe e espere esfriar – não deve estar inteiramente cozido. Desfie a carne e descarte a pele.

Recoloque a frigideira no fogo. Junte o arroz, tempere com sal e cubra com água fervente. Espere ferver, diminua a chama, tampe e cozinhe por 15 minutos. Desligue e finalize o cozimento no vapor da panela por 10 minutos. Escorra, espalhe o arroz em uma assadeira e deixe esfriar.

Ferva água em uma panela pequena e cozinhe os ovos por 8 minutos. Escorra e passe-os na água fria. Descasque e fatie.

ingredientes e modo de preparo continuam na próxima página…

TORTA RUSSA COULIBIAC DE SALMÃO
continuação...

Para o molho
200 g de coalhada fresca
1 colher (sopa) de mostarda extraforte
1 colher (chá) cheia de endro picado

Para o molho, aqueça a coalhada em uma panela pequena. Adicione a mostarda, o endro e um pouco de sal e pimenta-do-reino.

Junte o arroz à tigela com o cogumelo e a cebola; acrescente o endro, as raspas e o suco de limão, um pouco de sal e pimenta-do-reino.

Forre uma assadeira com papel-manteiga. Em uma superfície levemente enfarinhada, abra metade da massa folhada em um quadrado de 28 cm × 28 cm. Corte quatro quadrados iguais e coloque-os na assadeira. Recheie cada um com 4 colheres (sopa) da mistura de arroz, deixando uma margem ao redor das bordas. Cubra com o salmão, os ovos, o arroz restante e 2 colheres (chá) do molho. Abra a outra metade da massa com 30 cm × 30 cm e corte quatro quadrados iguais. Pincele a beirada das bases recheadas com o ovo batido e cubra com os outros quadrados. Dobre as bordas para selar, apare as sobras e pressione com os dentes de um garfo. Com uma faca afiada, faça alguns cortes na superfície das tortas, pincele com mais ovo batido e leve à geladeira por 30 minutos.

Preaqueça o forno a 200°C. Asse por 30-35 minutos e reaqueça o molho para servir.

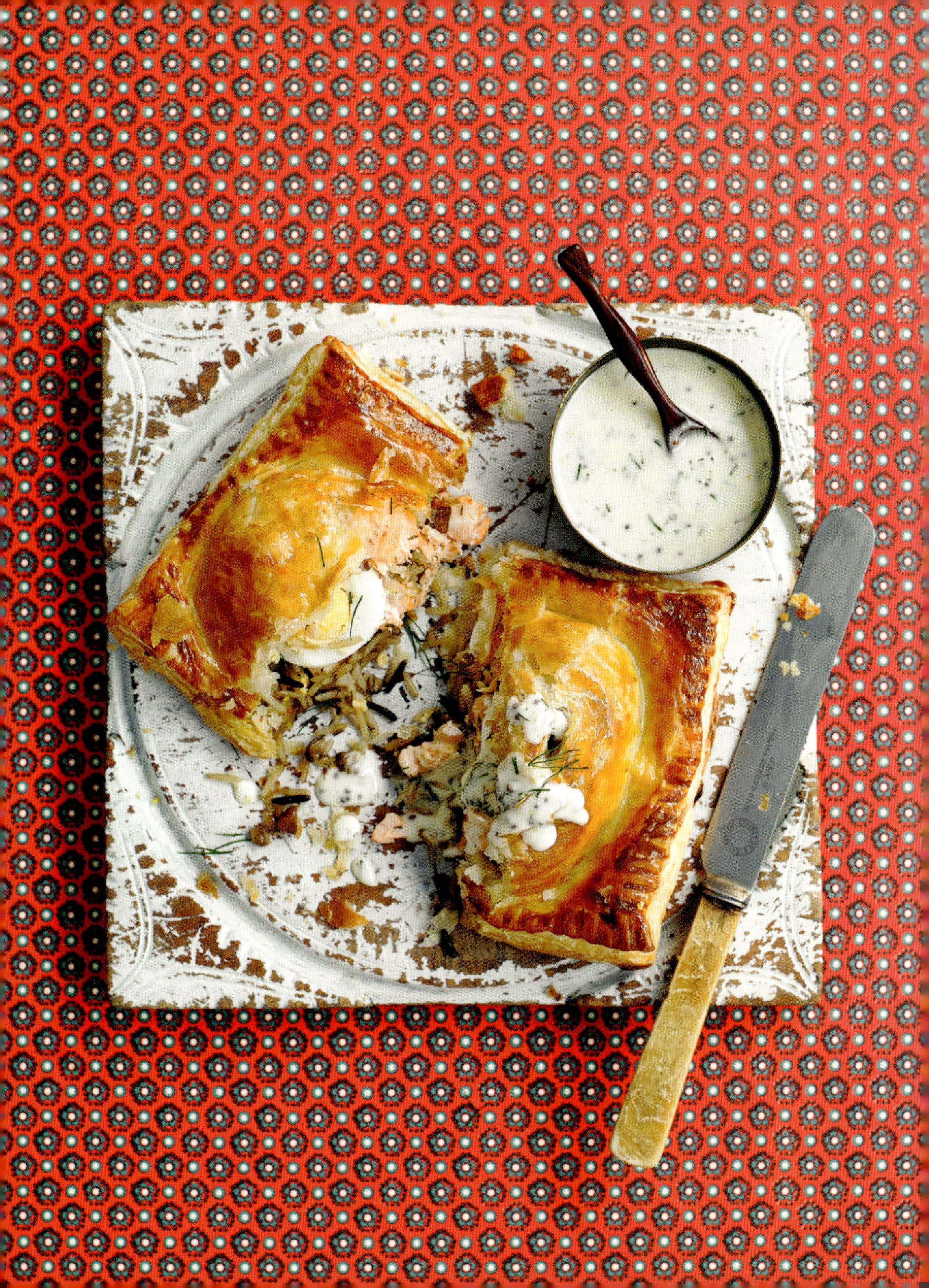

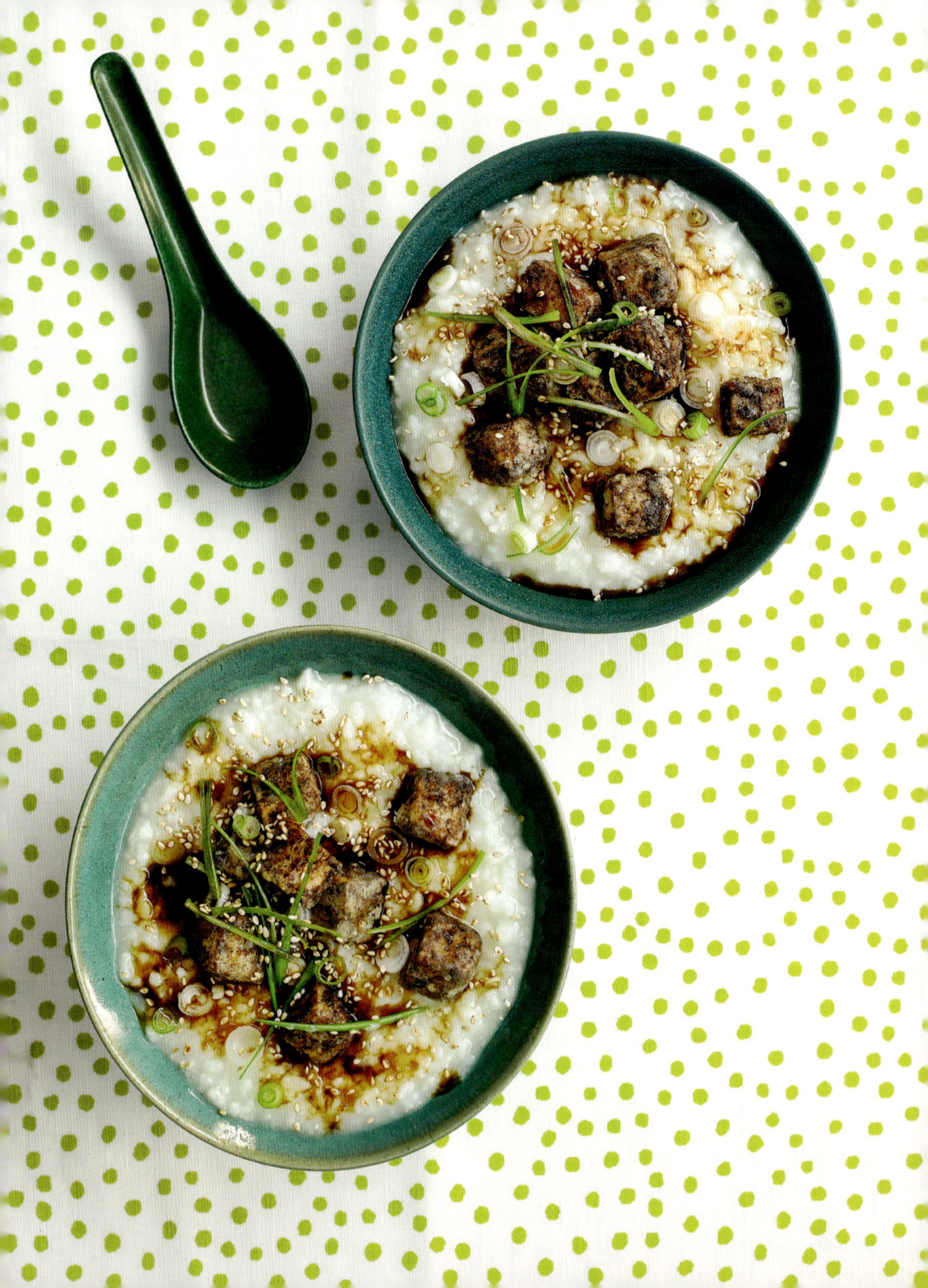

ARROZ CHINÊS
★
CONGEE COM TOFU

Em toda a Ásia, o congee é popular no café da manhã ou no jantar. Essa versão rende um ótimo prato vegetariano e reconfortante – o tofu tostado, a cebolinha e o gergelim dão um toque crocante ao arroz macio e suave.

2 porções

50 minutos

175 g de arroz para sushi
1,2 litro de caldo de legumes ou frango
2 dentes de alho ralados
5 cm de gengibre ralado
175 g de tofu firme
1 colher (chá) de tempero pronto cinco especiarias chinesas*
óleo de girassol, para fritar
1 colher (sopa) de maisena
sal

Para guarnecer
2 cebolinhas com a parte branca fatiada em rodelas e a verde picada finamente na vertical
2 colheres (chá) de gergelim tostado
molho de soja

* Mistura de anis-estrelado, canela, cravo, endro e pimenta, todos em pó.

Lave bem o arroz. Em uma panela grande, ferva o caldo, o alho e o gengibre. Junte o arroz, espere ferver novamente, diminua o fogo e cozinhe por 40 minutos, mexendo de vez em quando. O arroz deve ficar grosso, com a consistência de um mingau – se necessário, acrescente mais água.

Corte o tofu em cubos de 1,5-2 cm, seque com papel-toalha e tempere com as cinco especiarias chinesas e um pouco de sal. Reserve por 30 minutos.

Em uma frigideira, aqueça uma camada fina de óleo de girassol em fogo alto. Passe o tofu pela maisena e frite por cerca de 5 minutos, até tostar de todos os lados. Distribua o congee entre bowls, adicione os cubos de tofu e guarneça com a cebolinha, o gergelim e um pouco de molho de soja.

ARROZ INDONÉSIO

★

NASI GORENG

O nome significa "arroz frito" em indonésio. Para incrementar a receita, junte 150 g de camarão depois do gengibre e do alho e frite-o até ficar rosado.

🍴 2-3 porções

⏰ 35 minutos

150 g de arroz agulhinha integral [ou agulhinha branco] parboilizado
3 colheres (sopa) de óleo
5 cebolinhas fatiadas finamente
3 dentes de alho picados finamente
2,5 cm de gengibre picado finamente
2 cenouras cortadas em tiras
200 g de acelga-chinesa em tiras finas
1 colher (chá) de molho de pimenta oriental [ou sweet chilli], mais um pouco para servir
2 colheres (chá) de purê de tomate
1 colher (sopa) de molho de soja
1 colher (sopa) de kecap manis*
75 g de edamame congelado (descongele antes de usar)
½ maço pequeno de coentro picado grosseiramente
2-3 ovos
um punhado de amendoim salgado, torrado e picado

Cozinhe o arroz de acordo com as instruções da embalagem. Aqueça 2 colheres (sopa) de óleo em um wok ou frigideira grande. Refogue 4 cebolinhas, o alho e o gengibre por 2 minutos. Empurre para um lado da panela, junte a cenoura e a acelga-chinesa e refogue até ficarem macias.

Em uma vasilha pequena, misture o molho de pimenta, o purê de tomate, o molho de soja e o kecap manis. Acrescente-os à panela e deixe borbulhar por alguns instantes; adicione o arroz e o edamame retirado da vagem até aquecer. Junte metade do coentro.

Em uma frigideira pequena, aqueça o óleo restante e frite 2 ou 3 ovos. Divida o arroz entre bowls rasos. Guarneça com o ovo frito, o coentro e a cebolinha restantes e o amendoim. Regue com um pouco de molho de pimenta.

* Tipo de molho de soja doce usado na Indonésia, adoçado com melado e temperado com alho, anis-estrelado e outros condimentos. Encontra-se em lojas de produtos orientais.

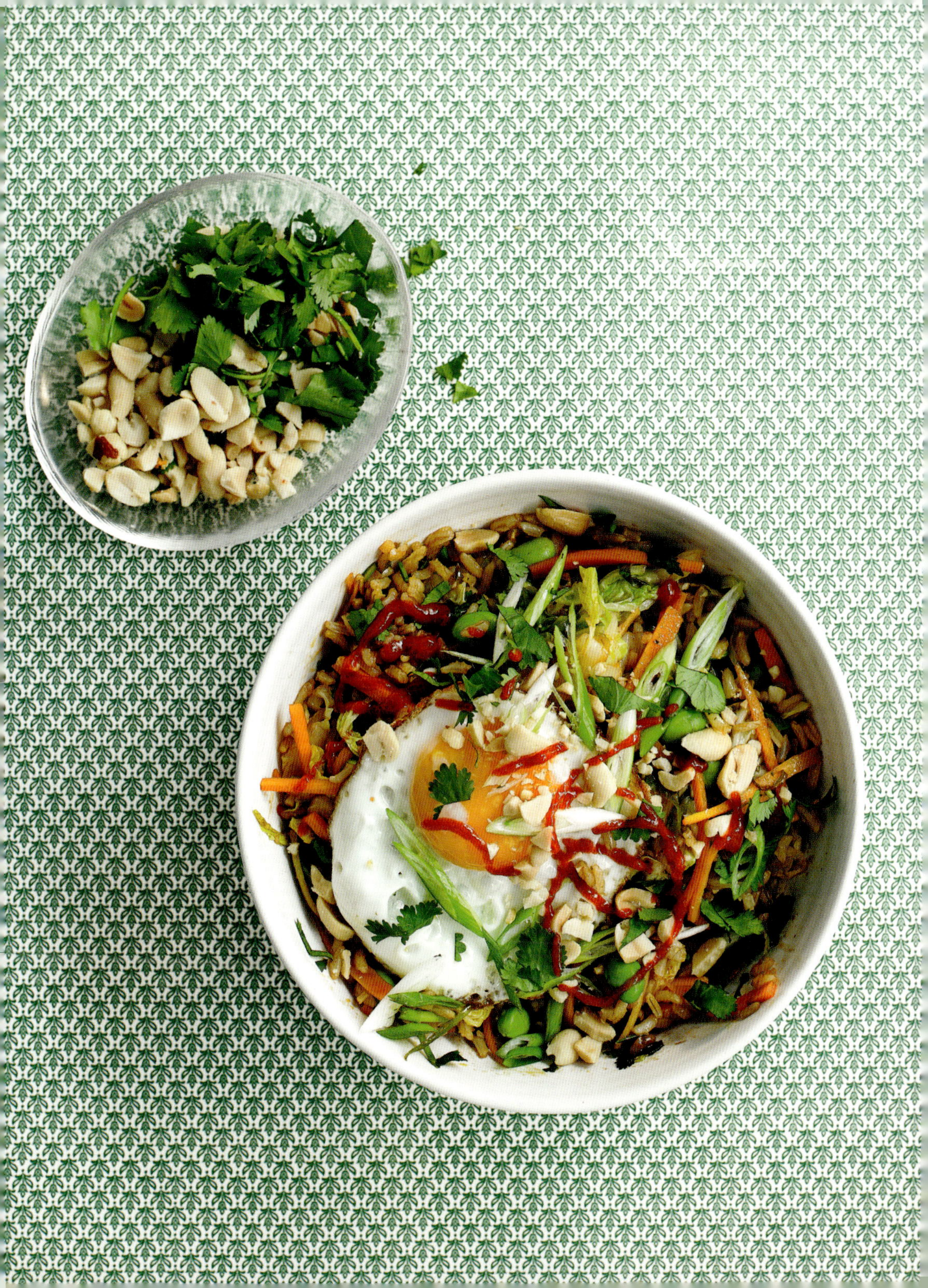

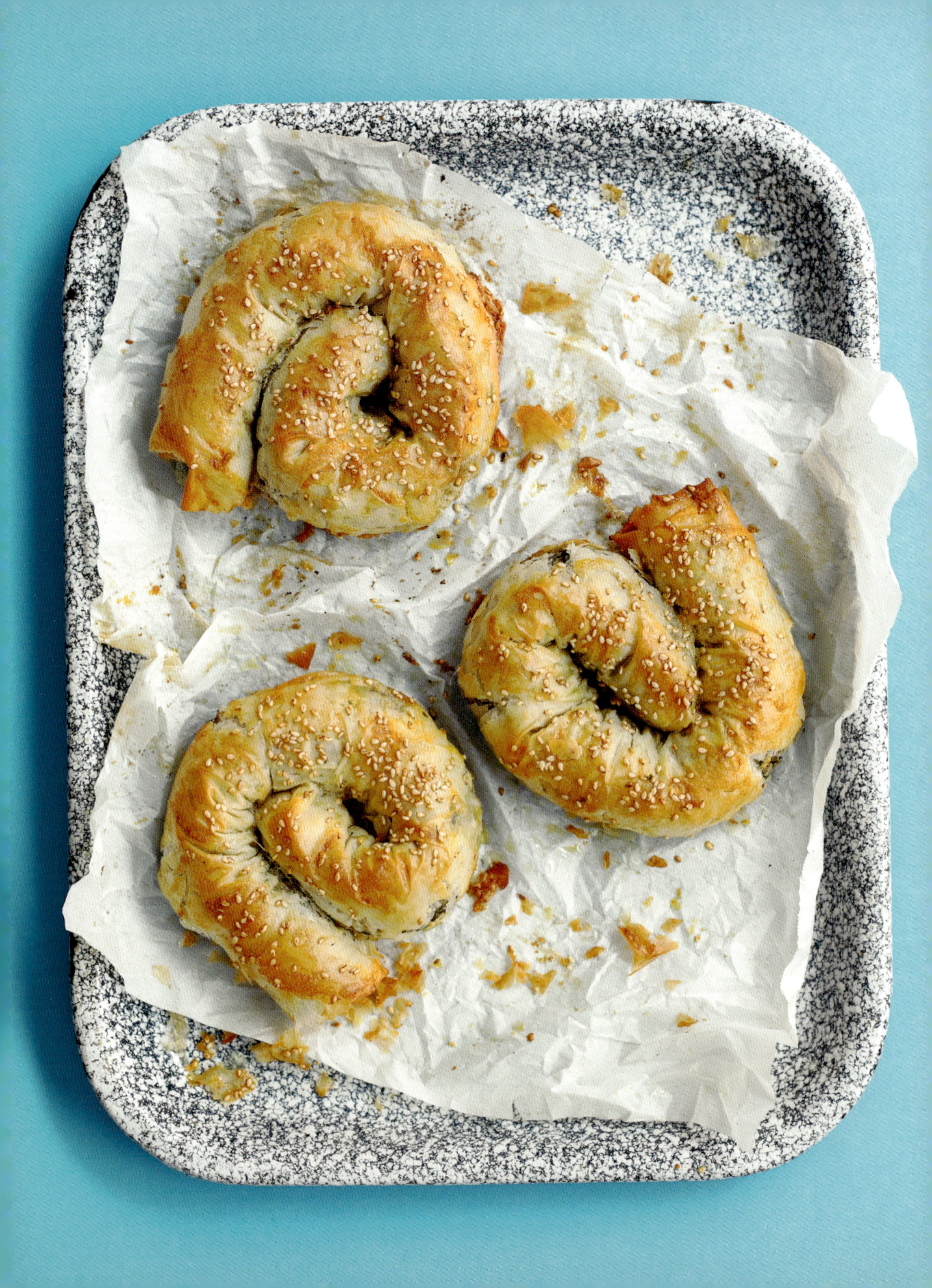

TORTINHA
★
SPANAKOPITA

Nesse salgado grego, o arroz absorve o líquido do espinafre, deixando a massa crocante. Ela lembra a bureka, receita encontrada em toda a Europa.

🍴 4 unidades

⏰ Cerca de 1 hora, mais demolha

100 g de arroz para risoto ou de grãos curtos (cateto branco)
500 g de espinafre
1 colher (sopa) de azeite
1 cebola picada finamente
2 dentes de alho picados finamente
1 colher (sopa) de hortelã seca
¼ de noz-moscada ralada na hora
125 g de queijo feta despedaçado
8 folhas de massa filo
75 g de manteiga derretida
1 ovo batido
1 colher (chá) cheia de gergelim
sal e pimenta-do-reino moída na hora

Demolhe o arroz em água fria por pelo menos 30 minutos. Aqueça uma panela grande em fogo médio; junte o espinafre, tampe e cozinhe até murchar, mexendo uma ou duas vezes. Transfira para um escorredor e deixe esfriar.

Recoloque a panela em fogo médio-alto. Acrescente o azeite e refogue a cebola por 5 minutos. Junte o alho e o arroz e refogue por 2 minutos. Transfira para uma vasilha e deixe esfriar. Esprema o espinafre, para remover a maior quantidade de líquido possível, pique e junte ao arroz. Adicione a hortelã, a noz-moscada, sal e pimenta-do-reino. Misture o queijo feta.

Preaqueça o forno a 200°C e forre uma assadeira com papel-manteiga. Abra uma folha de massa sobre a superfície de trabalho, com o lado mais comprido voltado para você, e pincele-a com manteiga. Cubra com outra folha e pincele com mais manteiga. Disponha um quarto da mistura de espinafre ao longo na beirada de massa mais próxima a você e enrole, dobrando as extremidades, até formar um longo cilindro. Enrole-o até obter uma espiral e coloque na assadeira. Repita com a massa e o recheio restantes. Pincele com manteiga e ovo. Espalhe o gergelim e asse por 30 minutos. Espere esfriar e sirva.

ARROZ ASIÁTICO
★
BIRYANI DE CORDEIRO

A receita pode ser demorada, mas vale o esforço. Com camadas de arroz aromático, cebola frita e cordeiro temperado com especiarias, você vai querer prepará-la muitas outras vezes.

🍴 4-6 porções

⏰ Cerca de 2 horas, mais marinada

750 g de paleta de cordeiro
200 g de coalhada fresca
100 g de pasta de tikka masala [p. 175]
75 g de ghee
2 cebolas grandes fatiadas
50 g de gengibre ralado
50 g de alho amassado
sementes de 6 bagas de cardamomo trituradas
1 col. (chá) de canela em pó
4 cravos
3 folhas de louro
350 g de arroz basmati
½ col. (chá) de pistilos de açafrão em 100 ml de água fervente
2 cols. (sopa) de coentro picado, mais um pouco para servir
2 cols. (sopa) de hortelã picada, mais um pouco para servir
sal e pimenta-do-reino moída na hora
3 cols. (sopa) de amêndoa laminada tostada (opcional)

Em uma tigela, misture o cordeiro, a coalhada, a pasta de tikka masala, sal e pimenta-do-reino a gosto. Tampe e leve à geladeira por 2 horas.

Aqueça 50 g de ghee em uma caçarola em fogo médio-alto. Junte a cebola e uma pitada de sal; refogue por 10 minutos. Retire com uma escumadeira e reserve.

No processador, bata o gengibre, o alho e 2 colheres (sopa) de água fria até obter uma pasta. Transfira-a para a caçarola e refogue por 1 minuto. Junte as especiarias, o louro, o cordeiro e a marinada; cozinhe em fogo baixo por 20 minutos. Despeje 250 ml de água fervente, tampe e cozinhe por mais 30 minutos. Destampe e continue o cozimento por mais 15 minutos, até o molho engrossar.

Em outra panela, ferva água com um pouco de sal, junte o arroz, cozinhe por 8 minutos e escorra.

Preaqueça o forno a 150°C. Aqueça o ghee restante em uma panela refratária grande e espalhe um pouco do arroz. Cubra com metade do cordeiro, metade do arroz restante, metade do açafrão dissolvido, metade da cebola, as ervas e sal. Repita com o cordeiro, o arroz, o açafrão e a cebola restantes. Cubra com papel-manteiga, tampe e asse por 35-40 minutos. Finalize com as ervas e a amêndoa.

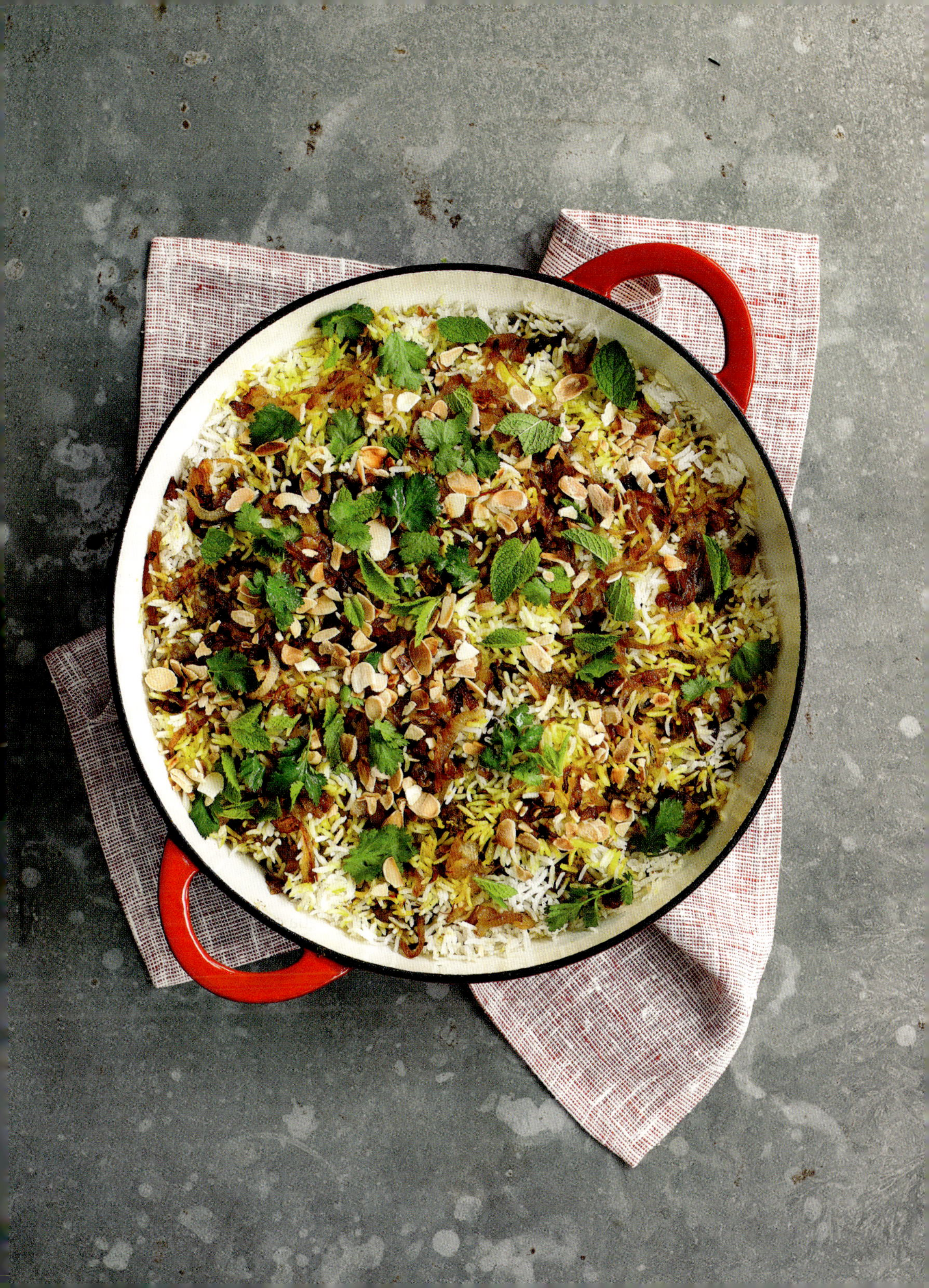

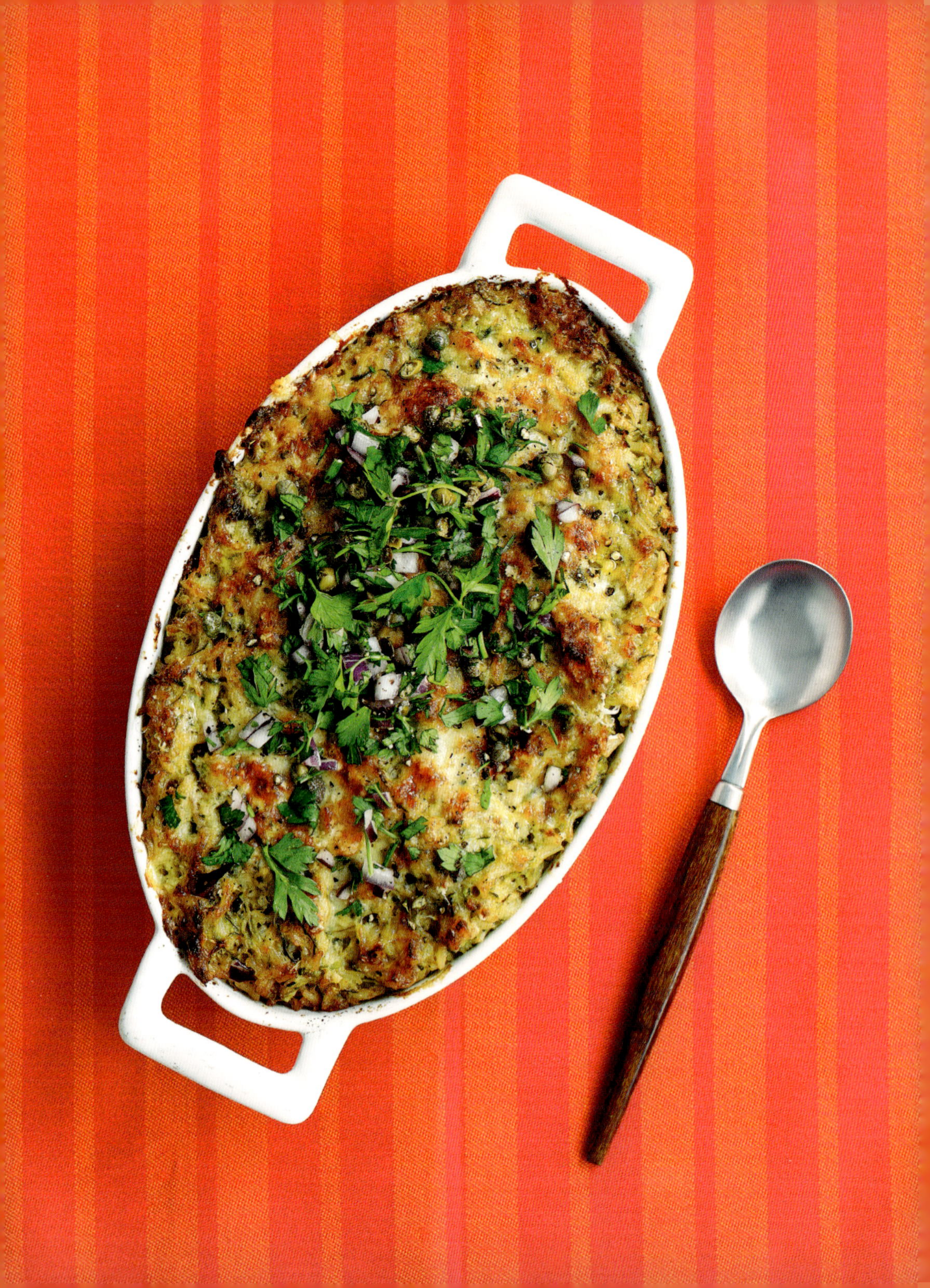

ARROZ DE FORNO
COM ABOBRINHA

A salada sugerida como acompanhamento equilibra a intensidade desse prato mediterrâneo, que é ótimo para aproveitar a safra de abobrinha. Para uma versão com carne, adicione bacon ou linguiça.

4 porções
55 minutos

200 g de arroz integral parboilizado
25 g de manteiga, mais um pouco para untar
1 cebola roxa fatiada finamente
850 g de abobrinha ralada grosseiramente
2 dentes de alho amassados
250 g de mascarpone
100 ml de leite
1 colher (sopa) cheia de mostarda de Dijon
100 g de gruyère ralado finamente
sal e pimenta-do-reino moída na hora

Para a salada
½ cebola roxa picada
1½ colher (sopa) de alcaparra picada grosseiramente
um maço pequeno de salsa picado finamente

Ferva água com um pouco de sal em uma panela grande e cozinhe o arroz em fogo baixo por 15-20 minutos, até ficar totalmente macio.

Aqueça a manteiga em uma frigideira grande e refogue a cebola por 8 minutos. Aumente o fogo para o máximo, acrescente a abobrinha e refogue por 10 minutos. Adicione o alho e um pouco de sal e pimenta-do-reino. Misture ao arroz e deixe esfriar.

Preaqueça o forno a 200°C. Em uma tigela, incorpore o mascarpone, o leite, a mostarda e 75 g de gruyère e tempere com um pouco de sal e pimenta-do-reino. Junte ao arroz e misture bem. Transfira para uma travessa refratária untada e cubra com o queijo restante. Asse por 30 minutos, até gratinar.

Misture os ingredientes para a salada e sirva com o arroz de forno.

ARROZ DE FORNO

✦

ALBANÊS

Cordeiro macio e arroz com orégano assados sob uma fina camada de iogurte com alho – embora possa parecer incomum, o prato nacional da Albânia é delicioso.

🍴 4 porções

⏰ Cerca de 2 horas

700 g de paleta de cordeiro desossada cortada em pedaços de 4-5 cm
1 colher (sopa) de azeite, mais um pouco para regar
2 colheres (chá) de orégano seco, mais um pouco para espalhar
75 g de arroz agulhinha
um punhado de folhas de hortelã
sal e pimenta-do-reino moída na hora
salada de alface e tomate, para servir

Para a cobertura
25 g de manteiga
3 dentes de alho amassados
25 g de farinha de trigo
350 g de iogurte natural
3 ovos batidos
noz-moscada ralada na hora

Preaqueça o forno a 180°C. Tempere o cordeiro com sal e pimenta-do-reino. Em uma frigideira grande, aqueça o azeite em fogo alto e doure bem a carne, trabalhando em levas, por 6-8 minutos. Acomode tudo em uma assadeira, sem apertar, e cubra com 300 ml de água fervente. Vede bem com papel-alumínio e asse por 1 hora, ou até ficar macio. Retire o papel-alumínio e despeje o caldo da assadeira em uma jarra medidora – você deve obter aproximadamente 330 ml (se necessário, complete com água).

Para a cobertura, derreta a manteiga em uma panela; junte o alho e refogue por alguns instantes. Acrescente a farinha e aqueça por 1 minuto. Adicione 180 ml do caldo de cordeiro aos poucos, mexa e ferva por 2 minutos. Retire do fogo e junte o iogurte, os ovos, a noz-moscada, sal e pimenta-do-reino a gosto. Recoloque a panela no fogo e aqueça.

Misture o orégano e o arroz ao cordeiro e regue com o caldo restante. Por cima, espalhe a cobertura e adicione mais orégano. Regue com um pouco de azeite, tempere com pimenta-do-reino e asse por 30-40 minutos, até dourar e firmar. Retire do forno e deixe esfriar por 5 minutos; espalhe a hortelã para finalizar. Sirva com a salada de alface e tomate.

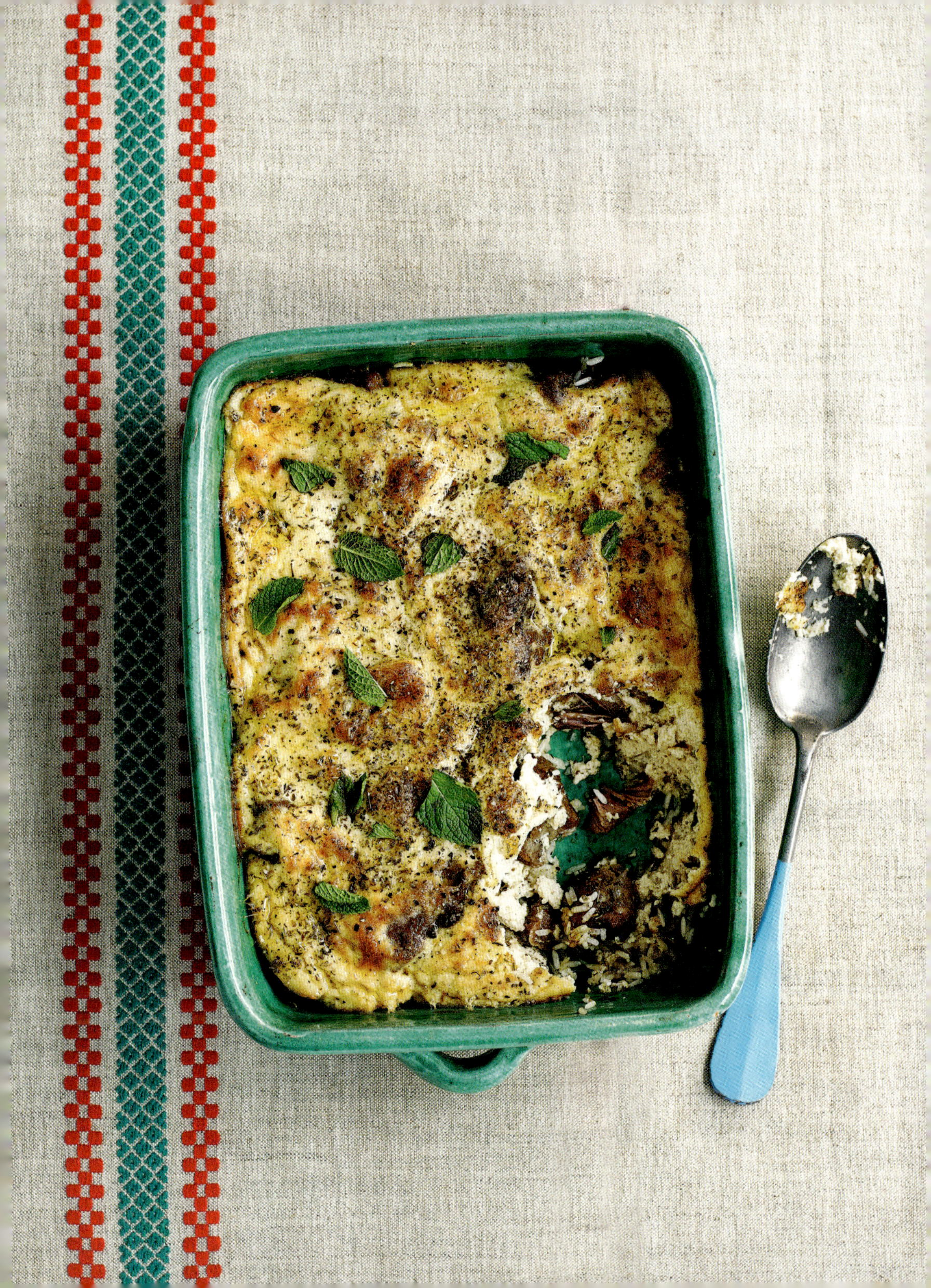

ARROZ NEGRO COM
LULA E MOLHO ALIOLI

Um prato exuberante e intenso, em que os grãos de arroz são tingidos com tinta de lula. Para finalizar, alioli, uma versão mais fluida do aïoli tradicional.

4 porções

45 minutos

2 colheres (sopa) de azeite
350 g de lula pequena limpa e cortada em anéis de 5 mm
2 echalotas [p. 175] picadas
2 dentes de alho picados
1 pimentão verde pequeno picado
125 g de tomate sem sementes e picado finamente
1 colher (chá) de páprica defumada picante, mais um pouco para finalizar
300 g de arroz para paella
1,2 litro de caldo quente de peixe, mais um pouco se necessário
40-50 ml de tinta de lula
1 maço pequeno de salsa picado
sal e pimenta-do-reino moída na hora
cunhas de limão-siciliano, para servir

Para o molho alioli
4 dentes de alho
¼ de colher (chá) de sal
150 ml de azeite extravirgem
leite (opcional)

Em uma frigideira grande, aqueça 1 colher (sopa) de azeite em fogo alto e frite a lula por 1 minuto. Transfira para uma tigela e reserve. Junte o azeite restante à frigideira e refogue a echalota por 5-8 minutos. Acrescente o alho, o pimentão e o tomate; refogue por 5 minutos. Adicione a páprica e o arroz e mexa para incorporar. Regue com o caldo, junte a tinta de lula e recoloque a lula reservada na frigideira. Cozinhe em fogo baixo por 20-25 minutos, mexendo de vez em quando, até o arroz absorver o líquido e ficar *al dente*. Se necessário, despeje mais caldo.

Para o molho alioli, bata o alho e o sal em um almofariz, formando uma pasta. Acrescente o azeite devagar, em gotas, batendo a pasta com o pilão, até obter um molho emulsionado. Se ficar grosso, adicione um pouco de leite.

Tempere o arroz com sal e pimenta-do-reino e junte a maior parte da salsa. Distribua entre os pratos, cubra com um pouco do alioli e finalize com a salsa restante e uma pitada de páprica. Sirva com cunhas de limão.

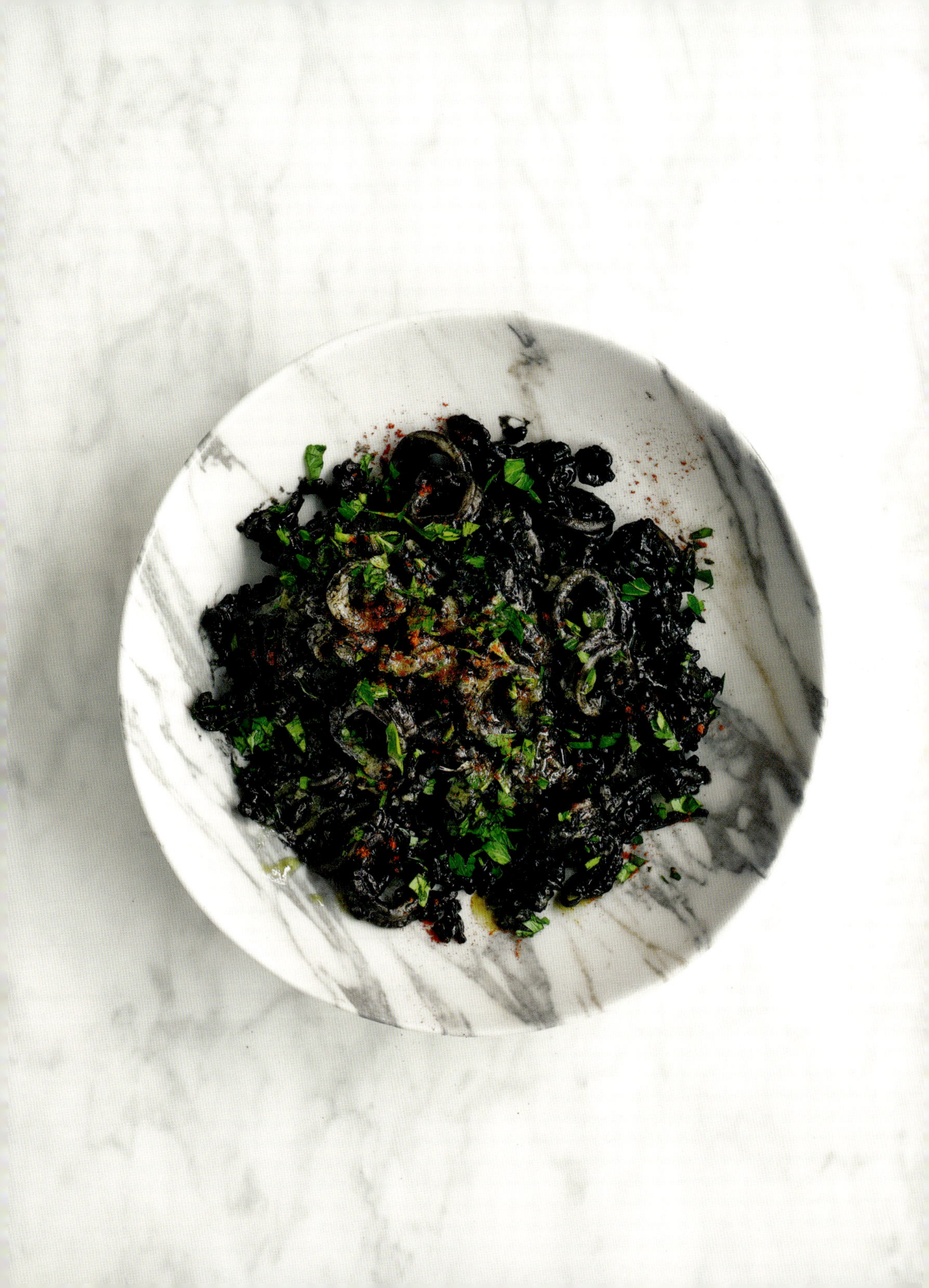

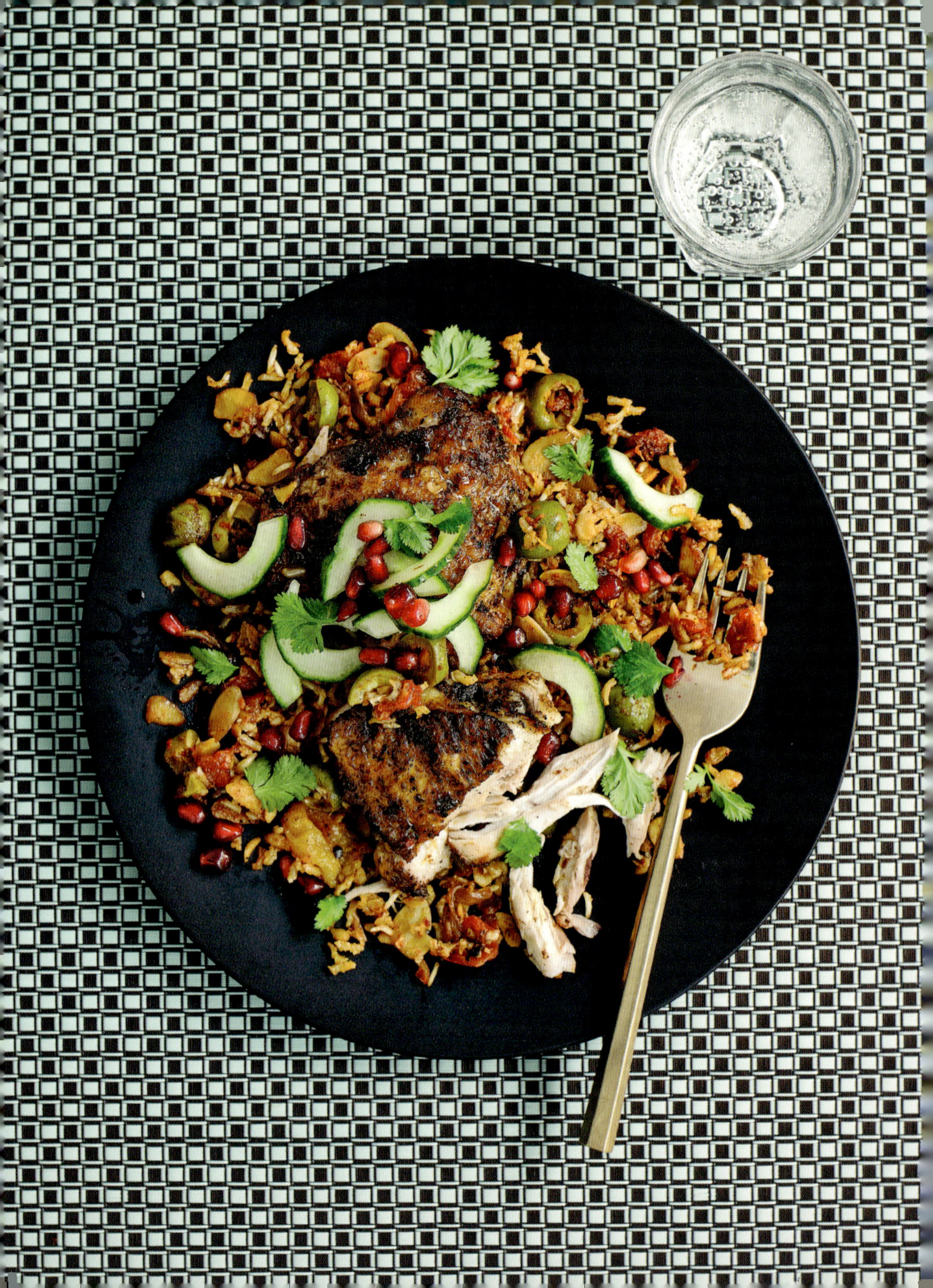

ARROZ DE FORNO COM
FRANGO À MARROQUINA

Essa receita de uma panela só é aromatizada com pasta de harissa de rosas, azeitona e damasco seco. Leve ao forno e faça outras coisas enquanto o frango assa.

4 porções

1h25, mais marinada

2 cols. (sopa) de azeite
2 cols. (sopa) cheias de pasta de harissa de rosas [p. 175]
1½ col. (chá) de canela em pó
8 sobrecoxas de frango com pele e osso
1 cebola roxa grande fatiada
6 dentes de alho amassados
75 g de amêndoa laminada
100 g de damasco seco picado
100 g de azeitona verde picada
250 g de arroz basmati integral [ou basmati branco]
400 g de tomate pelado em lata
550 ml de caldo quente de frango
2 cols. (sopa) de semente de romã
¼ de pepino fatiado
um punhado de coentro
sal e pimenta-do-reino moída na hora
coalhada fresca, para servir

Em uma tigela, misture 1 colher (sopa) de azeite, 1 colher (sopa) cheia de harissa, 1 colher (chá) de canela e um pouco de sal. Junte o frango e mexa. Deixe na geladeira por 2 horas ou durante a noite.

Preaqueça o forno a 180°C. Aqueça uma panela com tampa que possa ir ao forno em fogo médio-alto. Acrescente o azeite restante e frite o frango em levas, começando com o lado da pele para baixo, até dourar. Retire com uma escumadeira. Adicione a cebola à panela e refogue por cerca de 5 minutos, até ficar macia. Junte o alho e a amêndoa; refogue até dourar e acrescente o damasco, a azeitona e a canela restante. Coloque a harissa restante e o arroz. Cubra com o tomate e o caldo, mexa e tempere com sal e pimenta-do-reino. Junte o frango e os sucos que soltarem, espere ferver, tampe e leve ao forno por 1 hora, ou até o arroz ficar macio. Verifique depois de 45 minutos e, se necessário, dilua com um pouco de água.

Disponha as sementes de romã, o pepino e as folhas de coentro sobre o assado. Sirva com coalhada.

ABÓBORA RECHEADA
COM GRÃO-DE-BICO E ARROZ

Você obterá mais recheio do que o necessário, mas não se preocupe: terá também o almoço do dia seguinte – é só servi-lo com frango e uma salada.

- 2 porções
- 45 minutos

100 g de arroz basmati e selvagem misturados
1 abóbora-menina ou abóbora-cheirosa pequena (550-600 g)
1 colher (sopa) de azeite
100 g de grão-de-bico cozido e escorrido
1 cebola roxa pequena picada finamente
25 g de semente de romã
25 g de avelã tostada e picada
½ colher (chá) de semente de cominho tostada e triturada
raspas e suco de ½ laranja
½ maço pequeno de endro picado
½ maço pequeno de salsa picado
1 dente de alho pequeno amassado
3 colheres (sopa) de tahine
50 g de queijo feta
sal e pimenta-do-reino moída na hora

Cozinhe o arroz em água com um pouco de sal de acordo com as instruções da embalagem. Escorra, espalhe em uma assadeira e deixe esfriar.

Preaqueça o forno a 200°C. Corte a abóbora ao meio e descarte as sementes. Besunte a polpa e a casca com o azeite. Tempere com sal e pimenta-do-reino e asse, com o lado cortado para cima, por 30-40 minutos, ou até ficar macia.

Em uma tigela, misture o arroz, o grão-de-bico, a cebola, as sementes de romã, a avelã, o cominho, as raspas de laranja, as ervas, sal e pimenta-do-reino. Em outra vasilha, junte o alho, o tahine, o suco de laranja, um pouco de sal e pimenta-do-reino e água fria suficiente para obter um molho fluido – cerca de 1-2 colheres (sopa). Recheie as metades de abóbora com o arroz, cubra com o queijo feta despedaçado e regue com o molho de tahine.

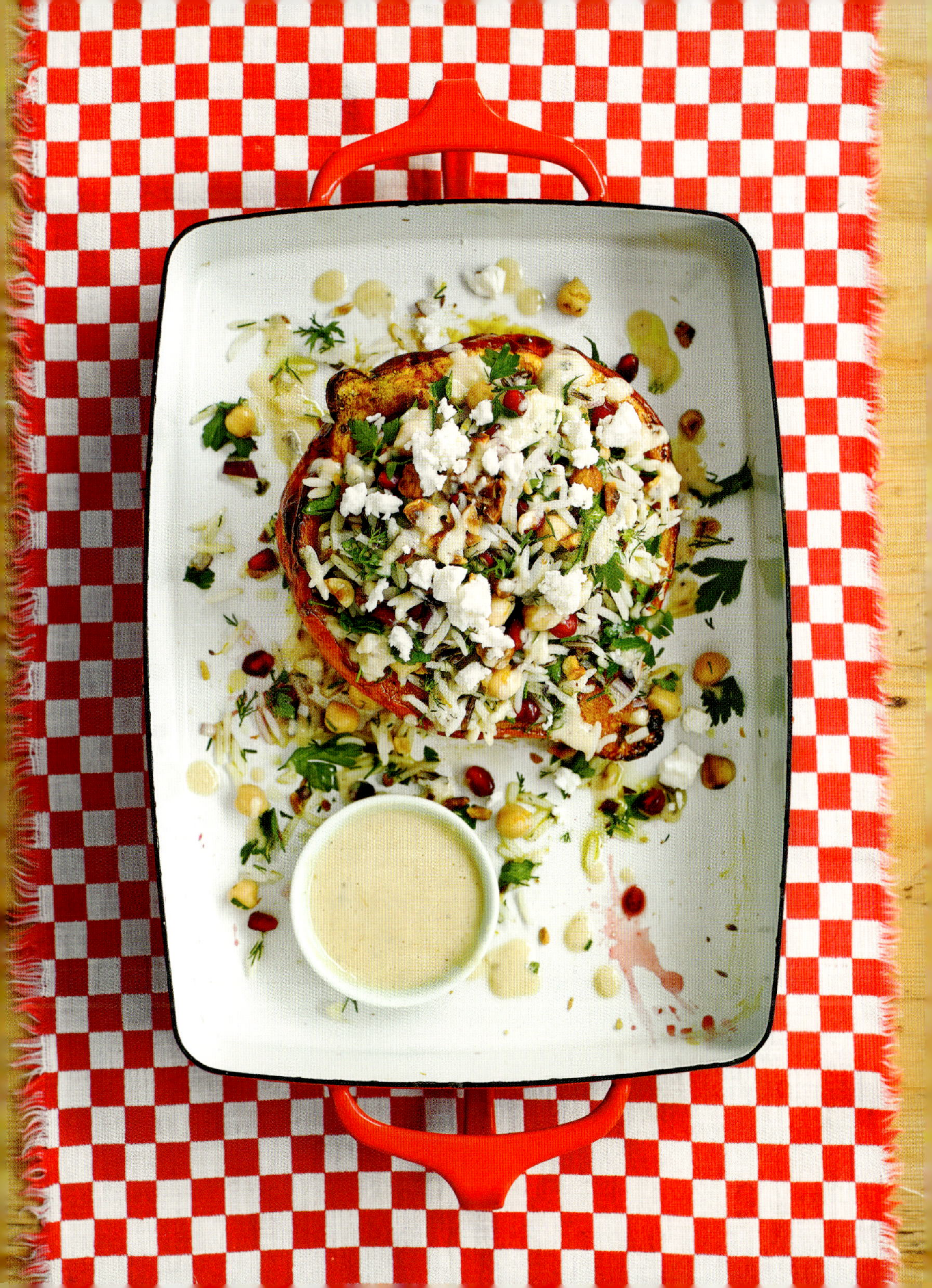

ALOO GOBI

⭐

TAHARI

Esse pilafe de arroz é uma receita de uma panela só. Se optar por usar a água de rosas, escolha a variedade delicada do Oriente Médio, e não a concentrada usada em confeitaria.

🍴 2 porções

⏰ 50 minutos

1½ colher (sopa) de ghee ou óleo
1 cebola roxa grande fatiada
1 colher (chá) de semente de mostarda preta
1 colher (chá) de semente de cominho
200 g de batata em cubos
150 g de couve-flor em floretes
2 dentes de alho amassados
1 colher (chá) de gengibre ralado
2 tomates picados
2 colheres (chá) de curry em pó
100 g de arroz basmati
50 g de ervilha congelada (descongele antes de usar)
¾ de colher (chá) de água de rosas libanesa (opcional)
300 ml de água fervente
25 g de castanha-de-caju picada
sal e pimenta-do-reino moída na hora
raita [p. 52] ou tzatziki*, para servir

Em uma panela grande, aqueça 1 colher (sopa) de ghee em fogo médio-alto. Junte a cebola e uma pitada de sal; refogue por 10 minutos, até dourar. Acrescente as sementes de mostarda e de cominho e frite até estourarem. Retire com uma escumadeira e reserve.

Adicione o ghee restante à panela e frite a batata e a couve-flor por 5 minutos, ou até começarem a dourar. Junte o alho, o gengibre e o tomate e cozinhe por 1 minuto. Acrescente o curry, o arroz, sal e pimenta-do-reino a gosto; mexa para cobrir. Adicione a ervilha, metade da cebola refogada, a água de rosas e a água fervente. Tampe e cozinhe em fogo muito baixo por 15 minutos, ou até o arroz e a batata absorverem o líquido e ficarem macios. Apague o fogo e finalize o cozimento no próprio vapor da panela por 10 minutos.

Toste a castanha-de-caju em uma frigideira. Afofe o arroz com um garfo e cubra com a cebola restante, a castanha-de-caju e um pouco de raita.

*Misture em uma tigela: 300 ml de coalhada fresca, 1 colher (sopa) de azeite e 1 colher (sopa) de folhas de hortelã picadas, 2 dentes de alho amassados, o suco de 1 limão-siciliano, ½ pepino grande em cubos. Tempere com sal e pimenta-do-reino moída na hora.

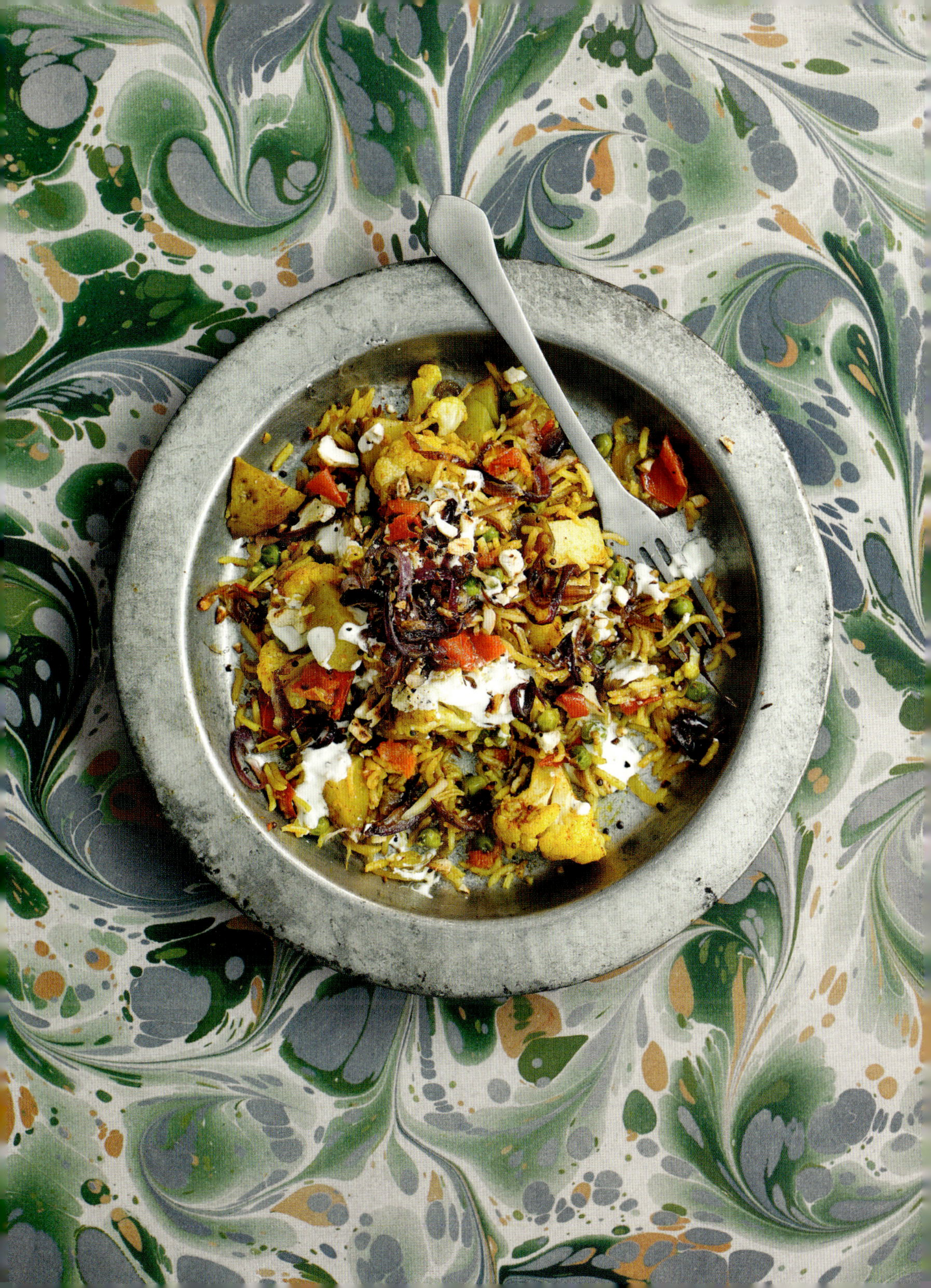

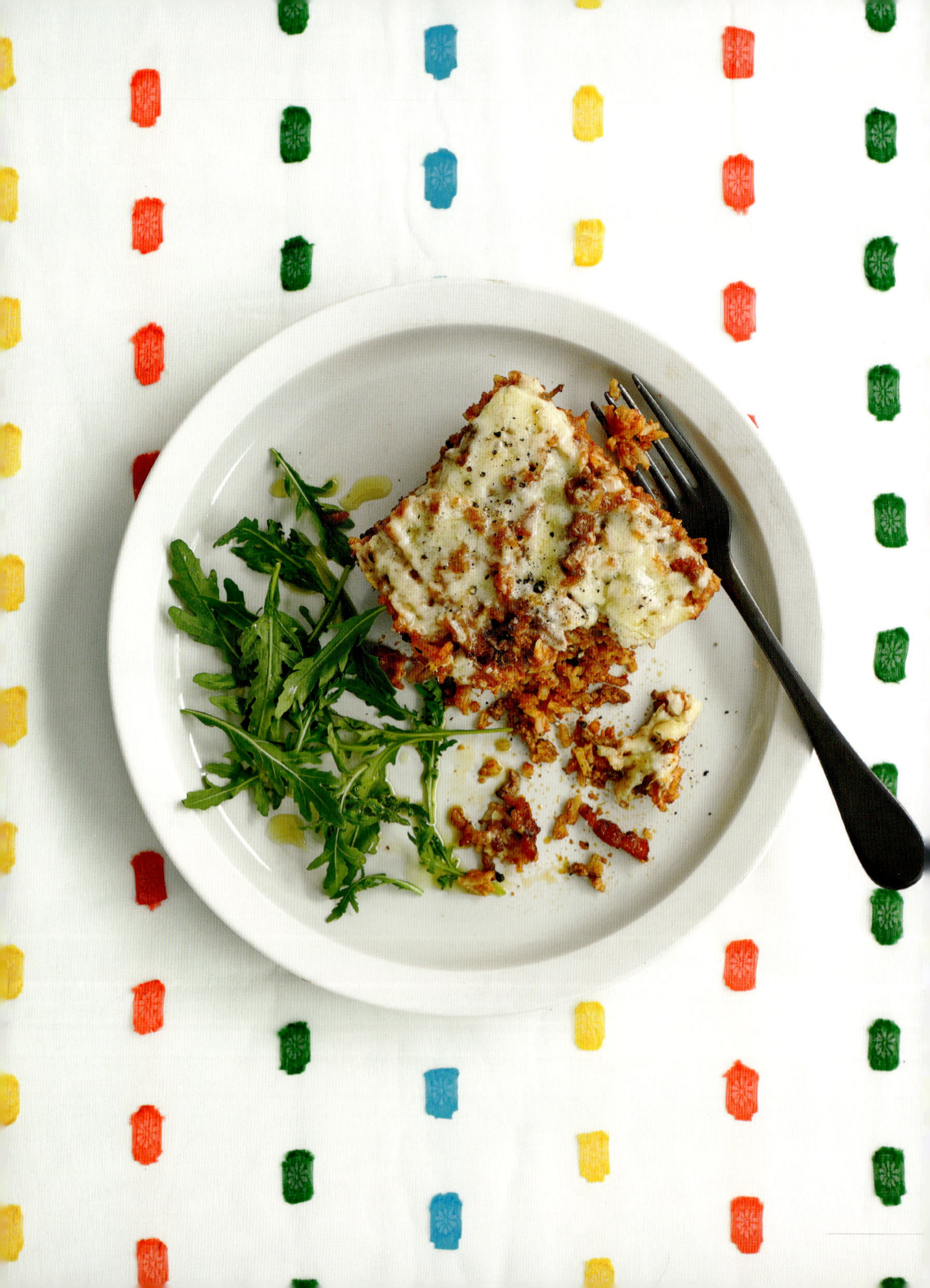

ARROZ DE FORNO
À MODA MALTESA

Esse é um prato tradicional de Malta, e cada família tem sua receita secreta, passada de geração a geração.

6-8 porções

Cerca de 1 hora, mais descanso

- 1 colher (sopa) de azeite, mais um pouco para untar
- 200 g de bacon defumado
- 1 cebola picada finamente
- 1 dente de alho amassado
- 1 folha de louro
- 500 g de carne bovina moída
- 1 colher (chá) cheia de curry em pó
- 350 g de arroz agulhinha
- 3 colheres (sopa) de purê de tomate
- 680 g de passata de tomate
- 700 ml de caldo quente de carne
- 200 g de cheddar inglês maturado ou parmesão ralado na hora
- 3 ovos batidos
- sal e pimenta-do-reino moída na hora
- salada verde, para servir

Preaqueça o forno a 200°C e unte uma travessa refratária grande.

Em uma frigideira grande, aqueça o azeite em fogo médio-alto. Frite o bacon por 5 minutos, até começar a dourar. Junte a cebola e refogue por cerca de 5 minutos, até ficar macia. Acrescente o alho e o louro. Aumente o fogo e adicione a carne moída, mexendo com uma colher de pau para desfazer os grumos. Refogue por cerca de 8 minutos, até dourar e o líquido evaporar. Reduza o fogo e junte o curry e o arroz. Coloque o purê de tomate e, em seguida, a passata e o caldo. Mexa e tempere com sal e pimenta-do-reino. Espere ferver e cozinhe por 10 minutos.

Adicione 100 g de cheddar, os ovos batidos e um pouco de sal e pimenta-do-reino. Transfira para a travessa e asse por 20 minutos. Mexa, cubra com o cheddar restante e asse por mais 10-12 minutos, até dourar e borbulhar. Reserve por 15 minutos antes de servir com salada verde.

ARROZ

⭐

ESPANHOL DEFUMADO

Esse prato pode ser preparado com os vegetais que estiverem à mão. Experimente com berinjela, abobrinha ou abóbora-cheirosa. Use páprica doce defumada, para não ficar muito amargo.

🍴 3-4 porções

⏰ Cerca de 1 hora

1 bulbo grande de erva-doce cortado em pedaços de 2,5 cm
2 pimentões vermelhos fatiados
400 g de alcachofra em conserva lavada, escorrida e cortada ao meio
3 dentes de alho grandes fatiados
1 col. (chá) de semente de erva-doce
2 cols. (chá) de páprica doce defumada
3-4 cols. (sopa) de azeite
25 g de manteiga
1 cebola roxa grande picada
200 g de arroz bomba ou para paella
casca de ½ limão-siciliano, mais cunhas de limão-siciliano para servir
400 ml de caldo quente de legumes
3 cols. (sopa) de alcaparra
1 maço pequeno de salsa picado
sal e pimenta-do-reino moída na hora

Preaqueça o forno a 200°C. Coloque a erva-doce, o pimentão, a alcachofra, o alho, as sementes de erva-doce, a páprica, sal e pimenta-do-reino, espalhados em uma camada única, em uma assadeira grande forrada com papel-manteiga. Regue com 2 colheres (sopa) de azeite e misture. Asse por 20 minutos.

Aqueça a manteiga e o azeite restante em uma frigideira grande com tampa. Junte a cebola e refogue por 5 minutos, até ficar macia. Acrescente o arroz, a casca de limão, sal e pimenta-do-reino; refogue por 2 minutos. Cubra com o caldo, espere ferver, abaixe o fogo, tampe e cozinhe por 20 minutos, ou até ficar *al dente*.

Quando os vegetais estiverem no forno por 20 minutos, adicione a alcaparra e asse por mais 20 minutos.

Assim que o arroz estiver *al dente*, aumente o fogo e cozinhe por 5 minutos, para deixar a base tostada. Retire do fogo e reserve por 5 minutos. Cubra o arroz com os vegetais assados, espalhe a salsa e sirva com cunhas de limão.

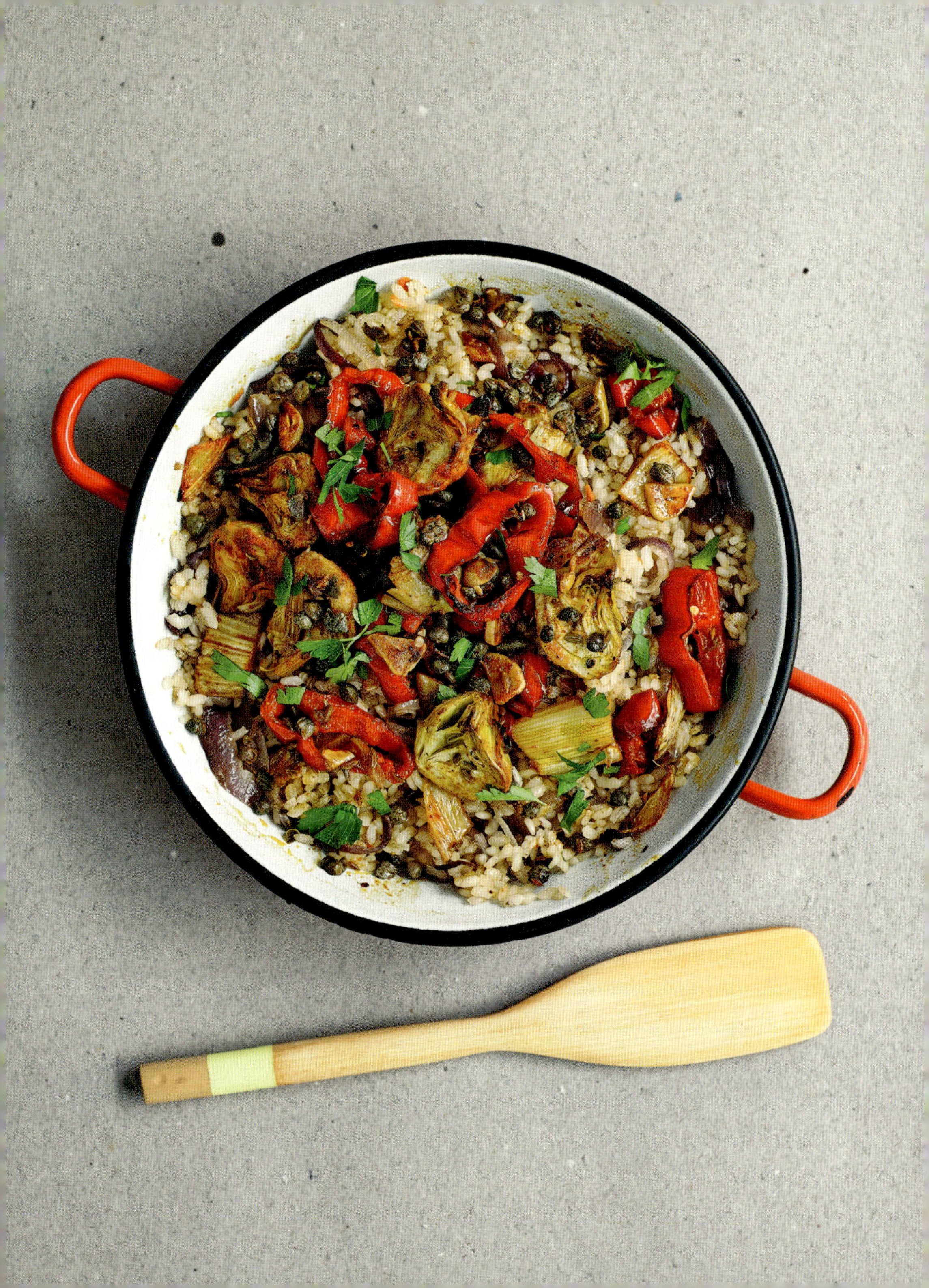

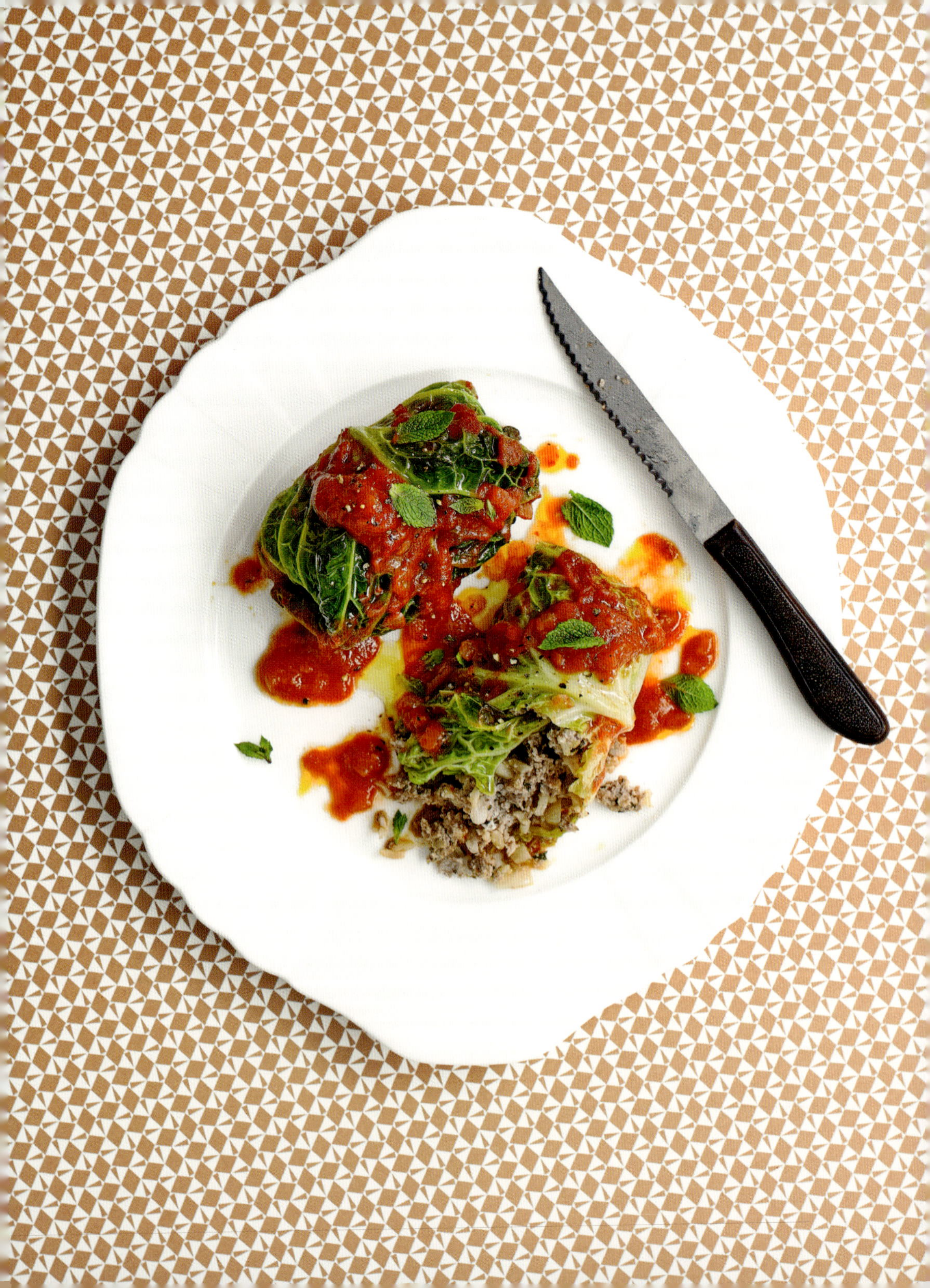

COUVE-LOMBARDA
★
RECHEADA

Essa receita recebe toques variados de acordo com o país de quem a prepara. Juntar ricota à carne moída suaviza o recheio desses rolinhos deliciosos.

4 porções

1h20

85 g de arroz basmati integral
12-15 folhas de couve-lombarda [ou repolho verde]
250 g de carne bovina moída
250 g de carne suína moída
1 cebola picada finamente
1 dente de alho amassado
150 g de ricota
1 ovo batido
1½ col. (chá) de pimenta-da-jamaica
1 col. (sopa) de orégano seco
1 maço pequeno de hortelã
raspas de 1 limão-siciliano
sal e pimenta-do-reino moída na hora

Para o molho
1 col. (sopa) de azeite, mais para regar
1 cebola picada finamente
500 g de passata de tomate
2 cols. (chá) de xarope de agave
2 dentes de alho amassados

Cozinhe o arroz em água com um pouco de sal de acordo com as instruções da embalagem. Espalhe em uma assadeira e deixe esfriar. Ferva água em uma panela grande e branqueie as folhas de couve por 3-4 minutos, até ficarem macias; escorra e deixe esfriar.

Para o molho, aqueça o azeite em uma panela e refogue a cebola por 8 minutos. Junte a passata e o xarope de agave; tempere bem com sal e pimenta-do-reino. Cozinhe em fogo baixo por 10 minutos, com a panela parcialmente tampada, para evitar que espirre. Acrescente o alho e então espalhe dois terços do molho em uma travessa refratária grande.

Preaqueça o forno a 180°C. Em uma tigela, misture as carnes, a cebola, o alho, a ricota, o ovo, a pimenta-da-jamaica, as ervas (reserve um pouco da hortelã para finalizar) e as raspas de limão. Tempere e adicione o arroz. Coloque uma folha de couve sobre a superfície de trabalho e disponha no centro dela colheradas generosas do recheio. Enrole a verdura, fechando dos lados, e transfira para a travessa com molho. Repita até acabarem as folhas e o recheio. Regue com o molho restante e azeite. Cubra com papel-alumínio e asse por 30 minutos. Retire o papel e deixe no forno por mais 10 minutos. Espalhe a hortelã na hora de servir.

TORTA DE ARROZ
★
MAGHLUBA

O nome desse prato tradicional da Palestina significa "invertido" em árabe. A preparação também pode levar carne.

🍴 6 porções

⏰ Cerca de 2 horas

500 g de batata fatiada
5 cols. (sopa) de azeite, mais um pouco para untar
2 cols. (chá) de cominho em pó
2 berinjelas em rodelas
400 g de espinafre branqueado
raspas de 1 limão-siciliano, mais cunhas para servir
3 tomates grandes em rodelas
6 dentes de alho amassados
300 g de arroz cateto branco demolhado em água fria por 30 minutos e escorrido
625 ml de caldo quente de legumes
1 col. (chá) de cúrcuma em pó
1 col. (chá) de canela em pó
1 col. (chá) de pimenta-da--jamaica
1 col. (chá) de noz-moscada ralada na hora
um punhado de hortelã
sal e pimenta-do-reino moída na hora
tzatziki [p. 104], para servir

Preaqueça o forno a 200°C e forre duas assadeiras com papel-manteiga. Em uma tigela, misture a batata com 2 colheres (sopa) de azeite, 1 colher (chá) de cominho e tempere com sal e pimenta-do-reino; espalhe em uma das assadeiras. Na mesma tigela, tempere a berinjela com 3 colheres (sopa) de azeite, sal e pimenta-do-reino e transfira para a outra assadeira. Leve-as ao forno por 35-40 minutos, ou até os vegetais dourarem e ficarem macios. Em uma vasilha, misture o espinafre (escorra o excesso de água) com as raspas de limão, sal e pimenta-do-reino.

Forre com papel-manteiga a base de uma panela funda de 23 cm de diâmetro com tampa. Unte com azeite, disponha as fatias de tomate e, sobre elas, as de berinjela. Cubra com um terço do alho e um terço do arroz. Continue com uma camada de batata e mais um terço de alho e de arroz. Finalize com o espinafre e o alho e o arroz restantes.

Misture o caldo e as especiarias, incluindo 1 colher (chá) de cominho e 1 colher (chá) de sal restantes. Despeje sobre o arroz, acenda o fogo e espere ferver. Coloque um círculo de papel-manteiga e um pires por cima, para pressionar. Tampe e cozinhe em fogo baixo por 35 minutos. Desligue e finalize o cozimento no vapor por 20 minutos. Inverta sobre um prato, espalhe a hortelã e sirva com o tzatziki.

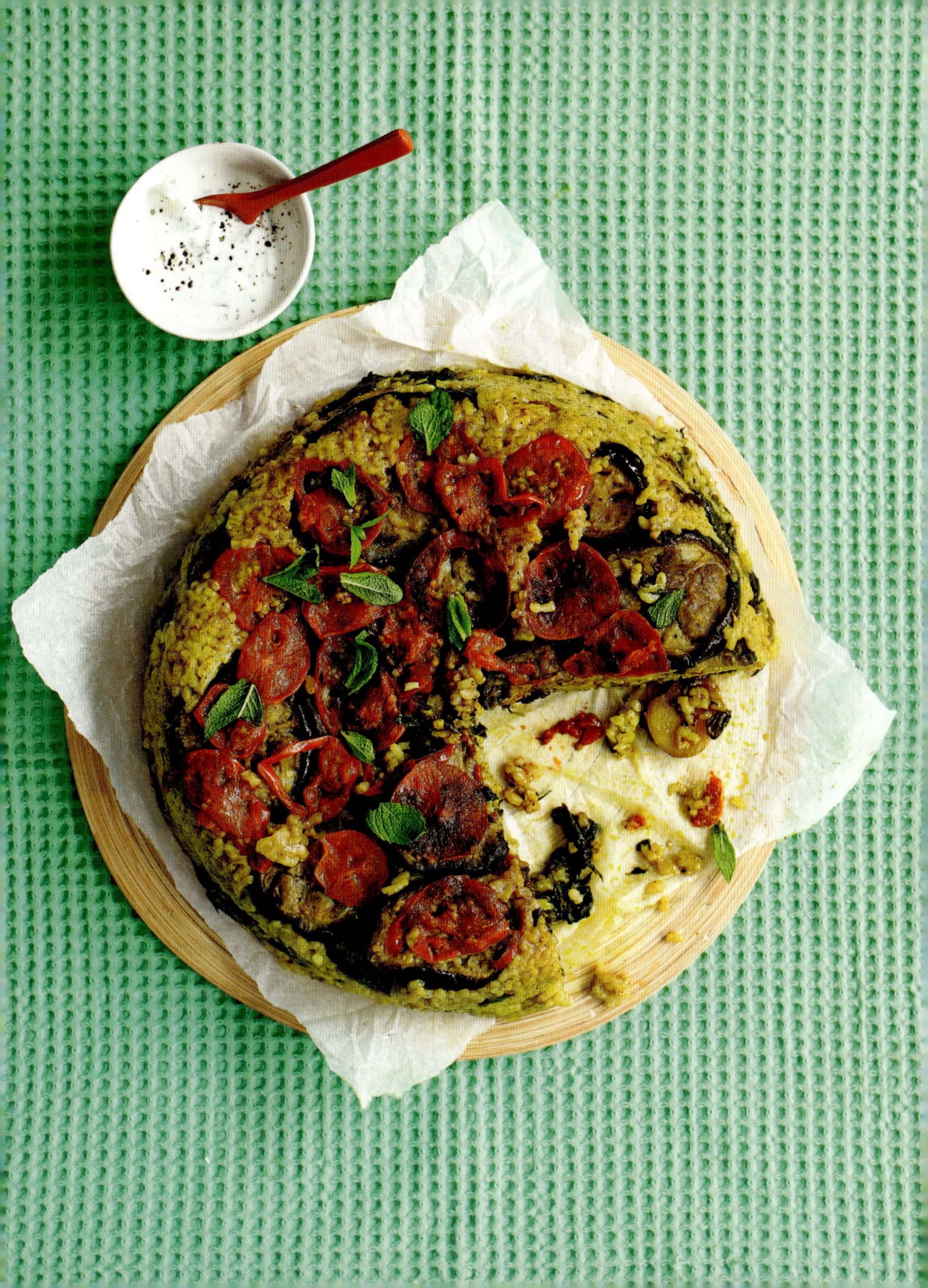

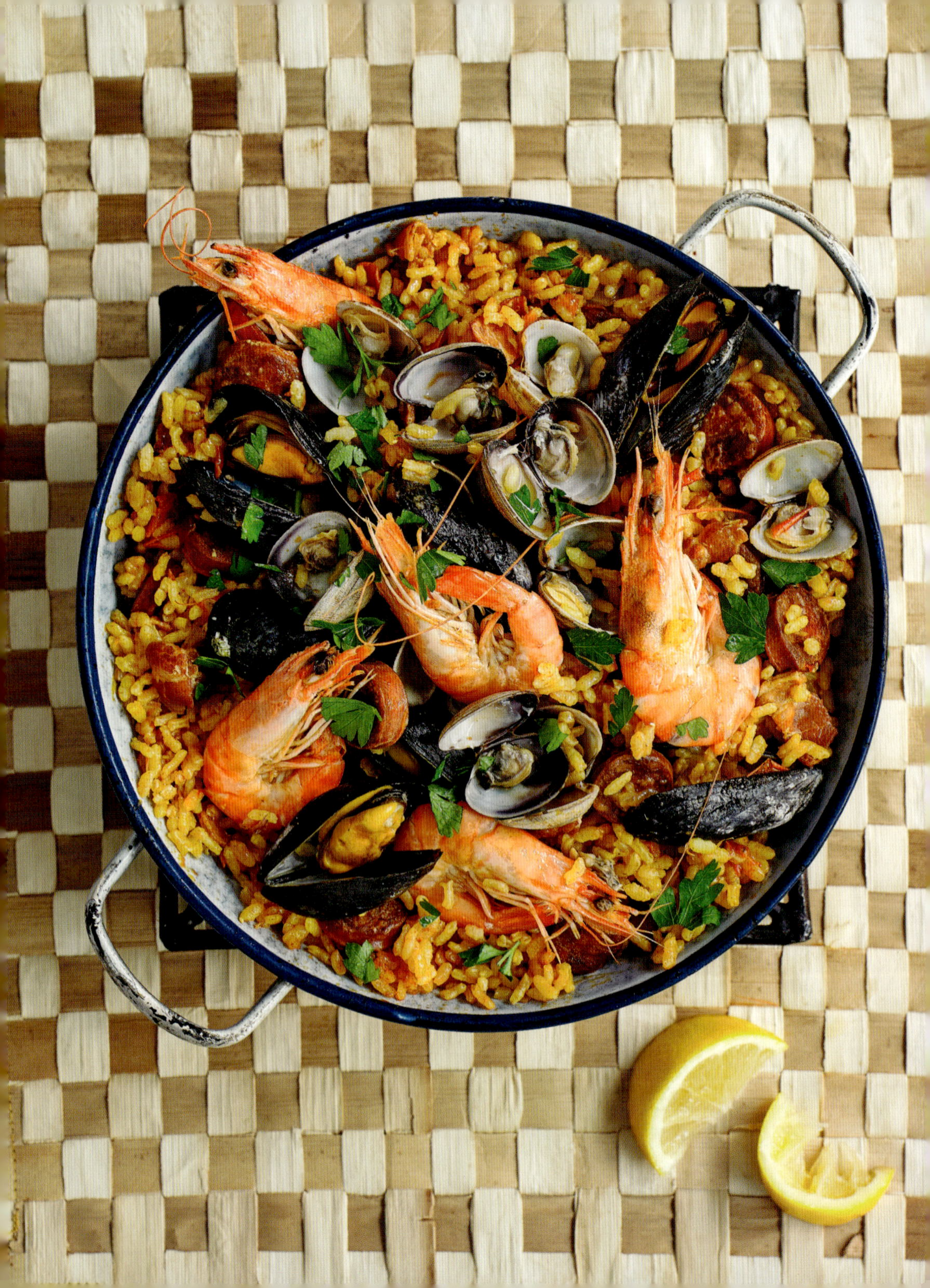

ARROZ COM
FRUTOS DO MAR

Essa é uma variação da paella valenciana de frutos do mar. Deixe o arroz tostar um pouco no fundo da panela – essa casquinha, a "socarrat", é uma iguaria.

4 porções

Cerca de 1 hora

850 ml de caldo quente de frango
¼ de colher (chá) de pistilos de açafrão
1 colher (sopa) de azeite
200 g de linguiça fatiada
6 fatias de bacon defumado picadas
1 cebola grande fatiada
3 dentes de alho amassados
3 tomates italianos picados finamente
1 colher (chá) de páprica doce defumada
350 g de arroz bomba ou para paella
300 g de mexilhão limpo
300 g de vôngole limpo
250 g de camarão com casca limpo
um maço pequeno de salsa picado
sal e pimenta-do-reino moída na hora
2 limões-sicilianos cortados em cunhas, para servir

Misture o caldo com o açafrão e reserve. Em uma paellera ou frigideira grande, aqueça o azeite em fogo médio. Junte a linguiça e o bacon e frite até começar a tostar. Acrescente a cebola e o alho, diminua o fogo e refogue por 8 minutos, até ficar macio. Aumente um pouco o fogo, adicione o tomate e a páprica e deixe por 5 minutos. Junte o arroz, tempere com sal e pimenta-do-reino e refogue por 2-3 minutos, até dourar. Cubra com 750 ml do caldo, espere ferver, tampe, abaixe o fogo e cozinhe por 15 minutos.

Lave os frutos do mar e descarte as conchas abertas que não se fecharem ao ser manejadas. Quando o arroz estiver cozido, junte o mexilhão, o vôngole e o camarão; cubra com o caldo restante. Tampe, aumente o fogo para médio e cozinhe por 10-15 minutos, até as conchas se abrirem e o camarão ficar rosado. Finalize o cozimento no próprio vapor da panela por 10 minutos. Descarte as conchas que se mantiverem fechadas. Espalhe a salsa e sirva com cunhas de limão.

ARROZ À MODA DE
HONG KONG

O segredo dessa receita é deixar o fundo crocante. Se não tiver uma panela de barro (de cerâmica sem revestimento vitrificado), uma caçarola ou uma panela de fundo grosso funcionam bem.

4 porções

50 minutos, mais demolha

300 g de arroz para sushi
2 colheres (sopa) de vinho de arroz
4 colheres (sopa) de óleo de gergelim torrado
3 colheres (sopa) de molho de soja
1 colher (chá) de açúcar
1 colher (sopa) de maisena
2,5 cm de gengibre: metade ralada e metade cortada em palitos
500 g de sobrecoxa de frango desossada, sem pele e cortada em pedaços
25 g de shiitake desidratado
¼ de colher (chá) de sal
1½ colher (chá) de grãos de pimenta-de-sichuan triturados
1 colher (sopa) de óleo
5 cebolinhas fatiadas na diagonal
3 dentes de alho fatiados

Demolhe o arroz em água fria por 30 minutos. Enquanto isso, misture o vinho de arroz, 2 colheres (chá) de óleo de gergelim, 1 colher (sopa) de molho de soja, o açúcar, a maisena e o gengibre ralado. Junte o frango, mexa, tampe e leve à geladeira.

Ferva 450 ml de água em uma panela. Acrescente o shiitake, tampe e cozinhe por 10 minutos. Remova-o com uma escumadeira e reserve. Adicione o arroz à água com 1 colher (chá) de óleo de gergelim e o sal. Espere ferver, diminua o fogo, tampe e cozinhe por 25 minutos, ou até o arroz ficar macio e uma crosta se formar no fundo. Retire do fogo.

Aqueça o restante do óleo de gergelim em um wok em fogo alto. Junte o frango com a marinada e refogue por 10 minutos, raspando o fundo da panela de vez em quando. Acrescente o shiitake reservado e os grãos de pimenta; refogue por 3-4 minutos. Quando o arroz estiver pronto, adicione o frango, desligue o fogo, tampe e finalize o cozimento no vapor por 10 minutos.

Limpe o wok com papel-toalha, aqueça 1 colher (sopa) de óleo e refogue os palitos de gengibre até dourarem. Adicione a cebolinha e o alho; refogue até ficar crocante e junte 2 colheres (sopa) de molho de soja. Despeje sobre o arroz e sirva.

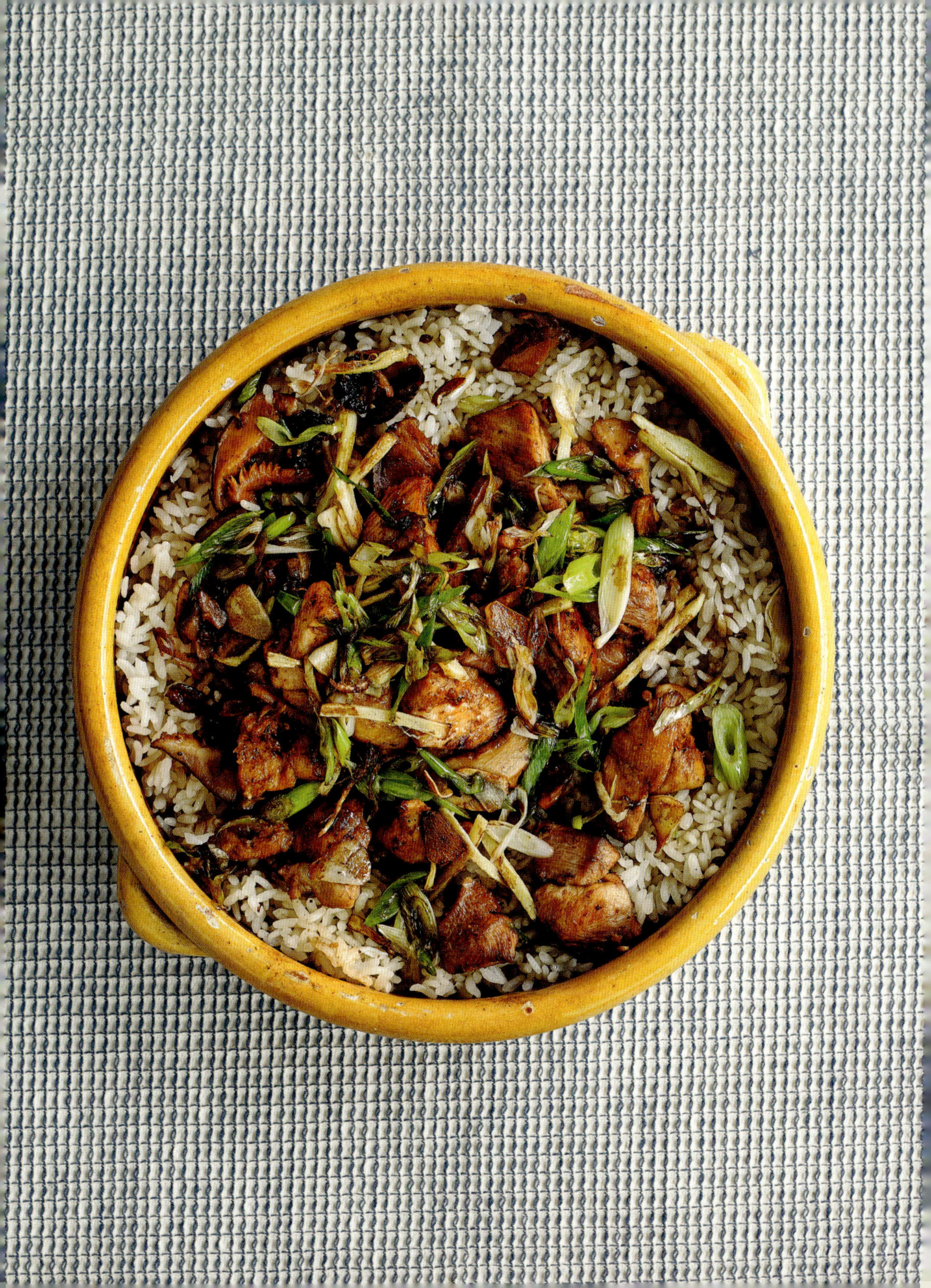

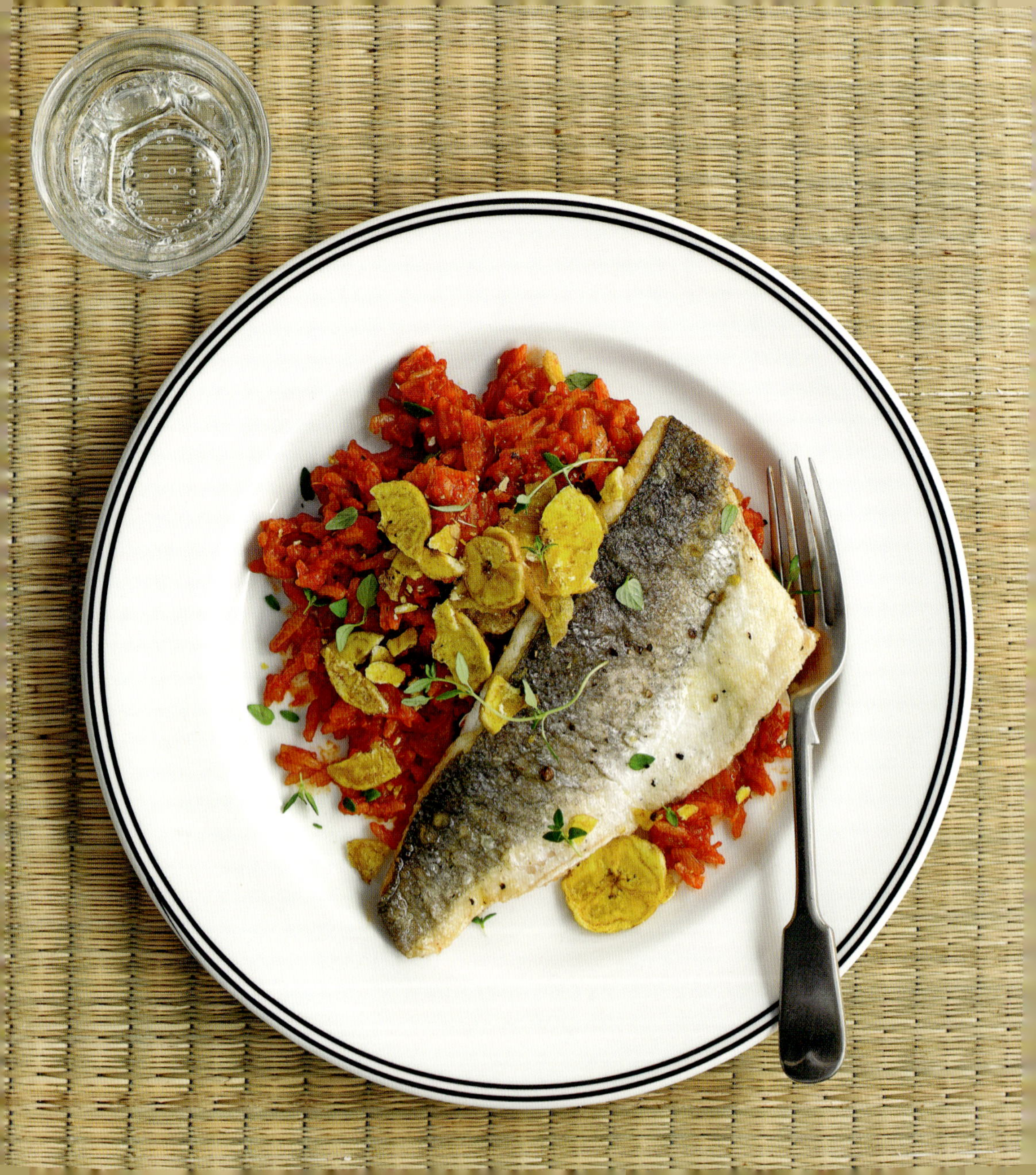

ARROZ

⭐

JOLLOF

Esse é um prato tradicional da África Ocidental. Espero que essa versão da receita seja tão boa quanto a original.

🍴 2 porções

⏱ 55 minutos

125 g de arroz jasmim
1½ col. (sopa) de óleo de girassol
100 g de echalota [p. 175] fatiada
1 pimentão vermelho sem sementes e picado
½ pimenta scotch bonnet sem sementes
400 g de passata de tomate
3 cols. (sopa) de purê de tomate
1 col. (chá) de gengibre ralado
1 dente de alho grande amassado
¼-½ col. (chá) de açúcar
200 ml de caldo quente de frango
1 col. (sopa) de tomilho, mais para guarnecer
25 g de chips de banana-da-terra*
2 filés de robalo ou pargo
sal

* Se não encontrar os chips prontos, frite rodelas finas de 1 banana-da-terra verde em óleo quente até dourar e escorra em papel-toalha. Tempere com sal.

Demolhe o arroz em água fria por 30 minutos. Enquanto isso, aqueça 1 colher (sopa) de óleo de girassol em uma panela em fogo médio-alto e refogue a echalota por 8 minutos, até ficar macia.

No processador, bata o pimentão, a pimenta, a passata e o purê de tomate, o gengibre, o alho, ¼ de colher (chá) de açúcar e um pouco de sal, até ficar homogêneo. Junte à echalota, espere ferver, tampe parcialmente a panela e cozinhe por 15-20 minutos, até reduzir e engrossar.

Acrescente o arroz e mexa por 2 minutos. Despeje o caldo, adicione o tomilho, tampe e cozinhe por 15 minutos, mexendo de vez em quando. Apague o fogo e finalize o cozimento no vapor da panela por 10 minutos. Prove e, se necessário, acrescente mais açúcar ou sal.

Pique os chips de banana-da-terra. Aqueça o óleo restante em uma frigideira antiaderente. Tempere o peixe com sal e frite por 2-3 minutos com o lado da pele voltado para baixo, até ficar crocante. Vire e retire a frigideira do fogo. Reserve por 2 minutos, ou até o peixe ficar cozido, e retire-o da frigideira. Distribua em cada prato o arroz, um filé de peixe, os chips e folhas de tomilho.

GALETO RECHEADO COM ★ ARROZ VERMELHO

Galeto assado é uma ótima alternativa ao frango – ele assa mais rápido, e cada um pode saborear uma ave inteira sozinho. O recheio dessa receita é delicioso.

2 porções

Cerca de 1h15

100 g de arroz vermelho
azeite
5 fatias de presunto cru
1 cebola picada finamente
1 talo de aipo picado finamente
2 dentes de alho amassados
125 ml de vinho branco
100 g de ricota
25 g de parmesão ralado finamente na hora
½ maço pequeno de manjericão picado grosseiramente, mais um pouco para servir
2 galetos
sal e pimenta-do-reino moída na hora
couve-toscana [ou couve-manteiga] ou salada verde, para servir

Cozinhe o arroz em água fervente com um pouco de sal de acordo com as instruções da embalagem. Preaqueça o forno a 200°C.

Aqueça 1 colher (sopa) de azeite em uma frigideira grande e frite três fatias de presunto até ficarem crocantes; retire e reserve. Junte a cebola e o aipo à frigideira e refogue por 8 minutos. Acrescente o alho e 50 ml do vinho; deixe até evaporar quase tudo. Adicione o arroz. Pique o presunto frito e junte à frigideira. Reserve, para esfriar um pouco, e então acrescente a ricota, o parmesão, o manjericão e um pouco de sal e pimenta-do-reino.

Recheie os galetos com a mistura e coloque-os em uma assadeira pequena; distribua o recheio que sobrar em torno das aves. Despeje o vinho restante, regue com bastante azeite, disponha as fatias de presunto restantes por cima e tempere com sal e pimenta-do-reino. Asse por 40-45 minutos, ou até atingir o ponto, regando com o molho e mais azeite na metade do tempo. Reserve por 10 minutos, espalhe o manjericão e sirva com couve-toscana ou salada verde.

Dica: você pode preparar o recheio de arroz com antecedência e manter na geladeira, mas use-o em temperatura ambiente.

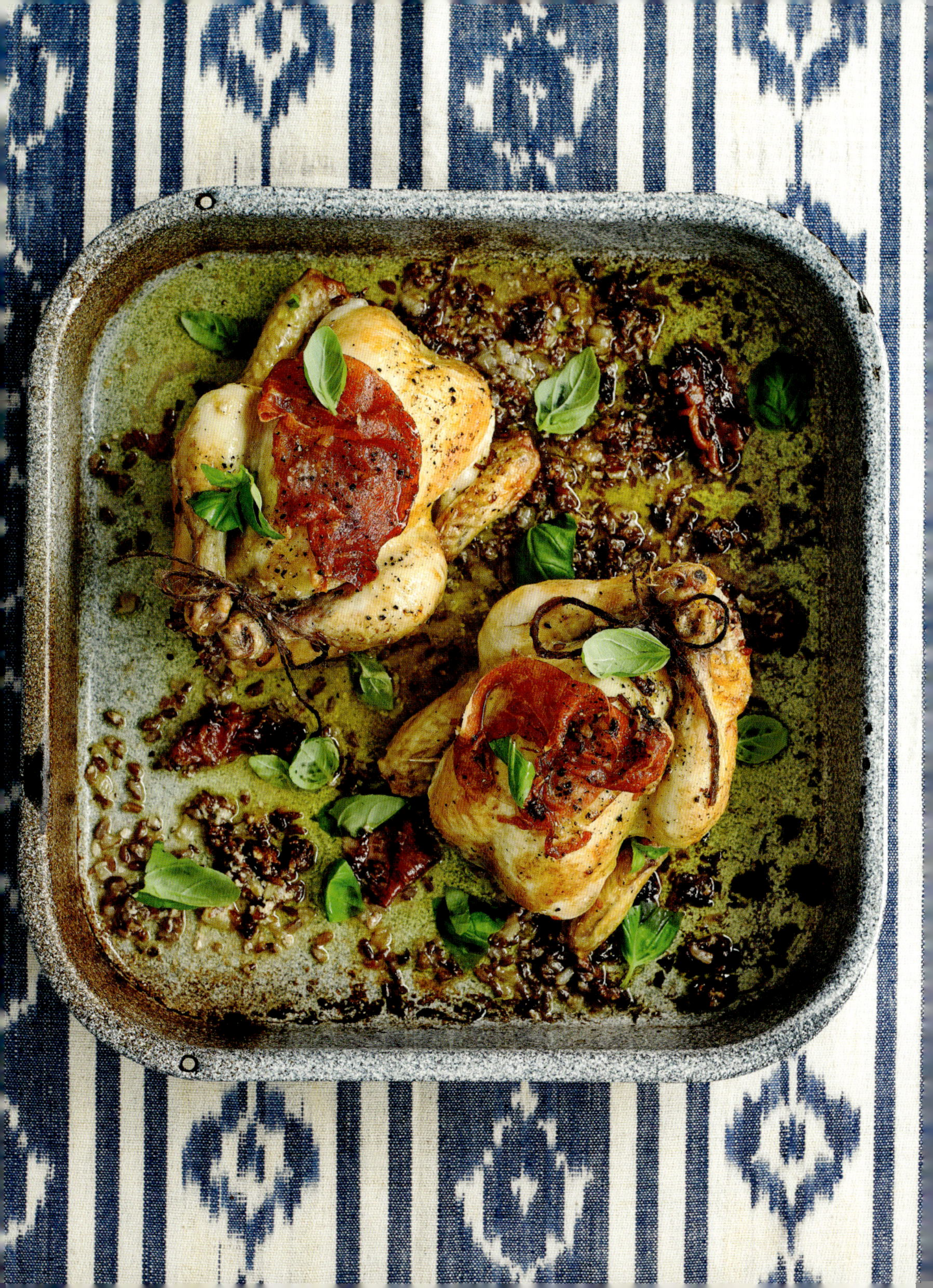

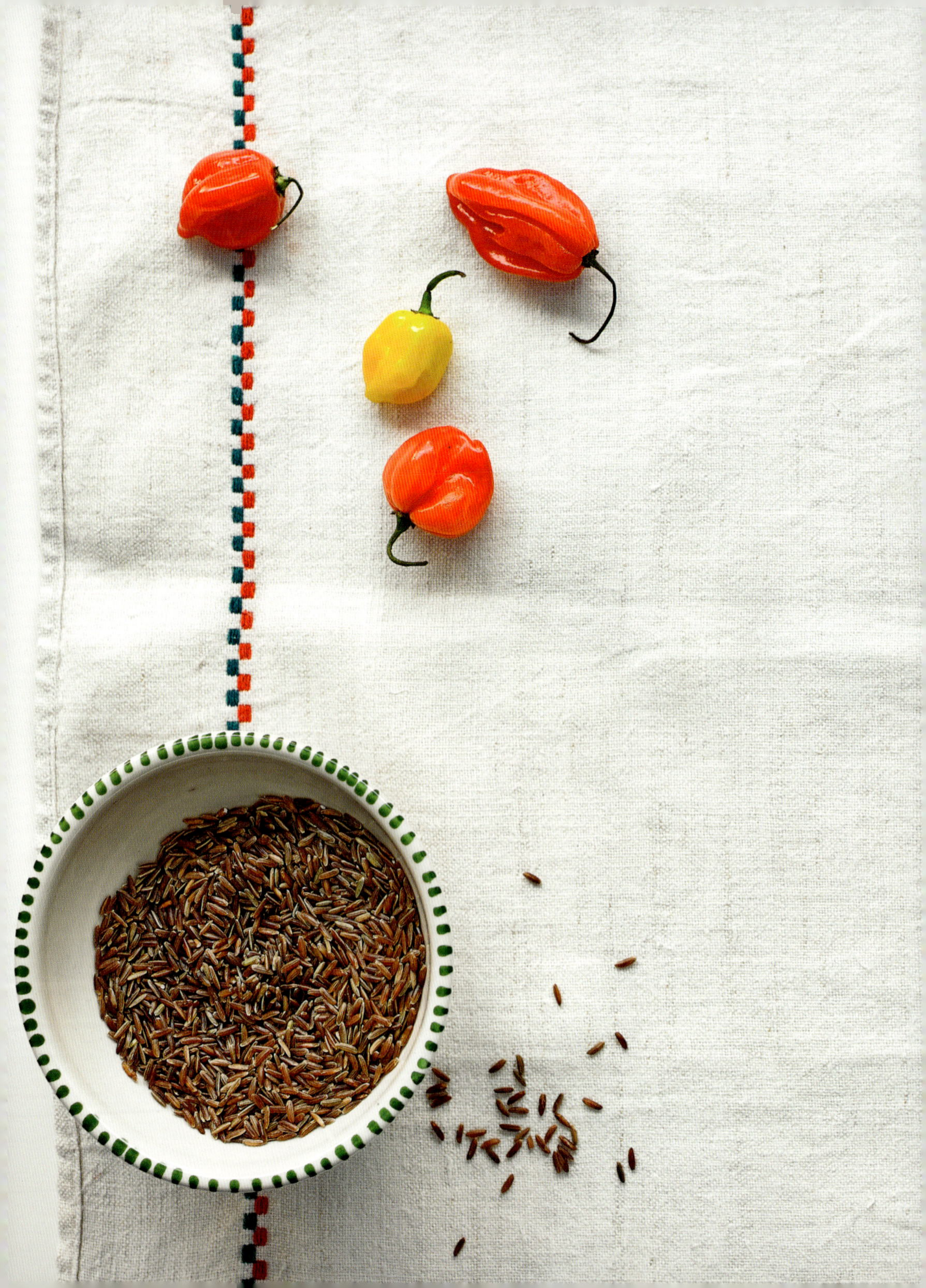

ACOMPANHAMENTOS

ARROZ

★

COLORIDO

Embora seja um acompanhamento, esse arroz persa em camadas realmente impressiona. Ele é tradicionalmente servido em comemorações e ocasiões especiais.

4-6 porções

1h20

1½ col. (chá) de canela em pó
10 bagas de cardamomo trituradas
2 cols. (chá) de semente de cominho tostada e triturada
1½ col. (sopa) de pétalas de rosa secas, mais um pouco para servir
100 g de açúcar
2 cenouras raladas
raspas de 1 laranja
75 g de uva-passa branca e preta
50 g de pistache tostado, mais um pouco para servir
50 g de amêndoa laminada tostada
350 g de arroz basmati
3 cols. (sopa) de óleo de girassol
75 g de manteiga, mais 25 g derretida
2 pitadas grandes de pistilos de açafrão dissolvidos em 1 colher (sopa) de água fervente
3 cols. (sopa) de cranberry seco
sal e pimenta-do-reino moída na hora

Em uma tigela pequena, misture a canela, o cardamomo, as sementes de cominho e as pétalas de rosa e reserve. Coloque o açúcar e 250 ml de água fria em uma panela pequena. Leve ao fogo, espere ferver e reduzir o líquido, até obter quase um xarope, então junte a cenoura. Acrescente as raspas de laranja e cozinhe por 4 minutos. Escorra e misture com a uva-passa, o pistache e a amêndoa.

Demolhe o arroz em água fria por 30 minutos. Escorra e coloque-o em uma panela. Cubra com água fervente e cozinhe em fogo baixo, tampado, por 5 minutos. Reserve.

Em uma panela grande, aqueça o óleo e 75 g de manteiga. Adicione um terço do arroz, um terço da água de açafrão, as misturas de pétalas de rosas e de cenoura e um pouco de sal e pimenta-do-reino. Faça novas camadas até usar todos os ingredientes. Embrulhe a tampa da panela em um pano de prato, amarrando por cima para não ficar pendurado, e tampe. Cozinhe em fogo médio-alto por 4-5 minutos, diminua a temperatura e deixe por 15-20 minutos. Retire do fogo e reserve por 10 minutos. Transfira para o prato de servir, regue com a manteiga derretida e guarneça com o cramberry, pétalas de rosa e pistache picado grosseiramente.

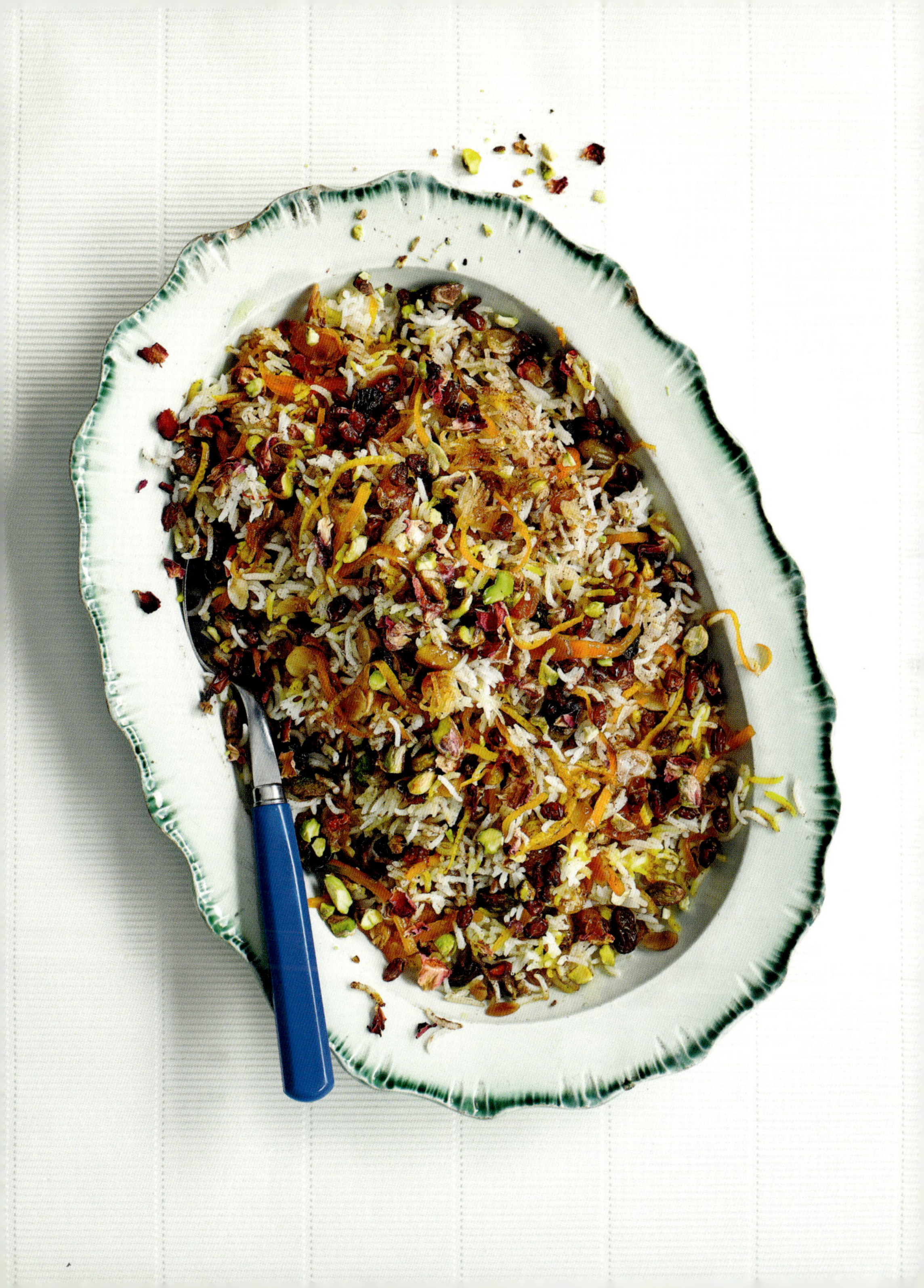

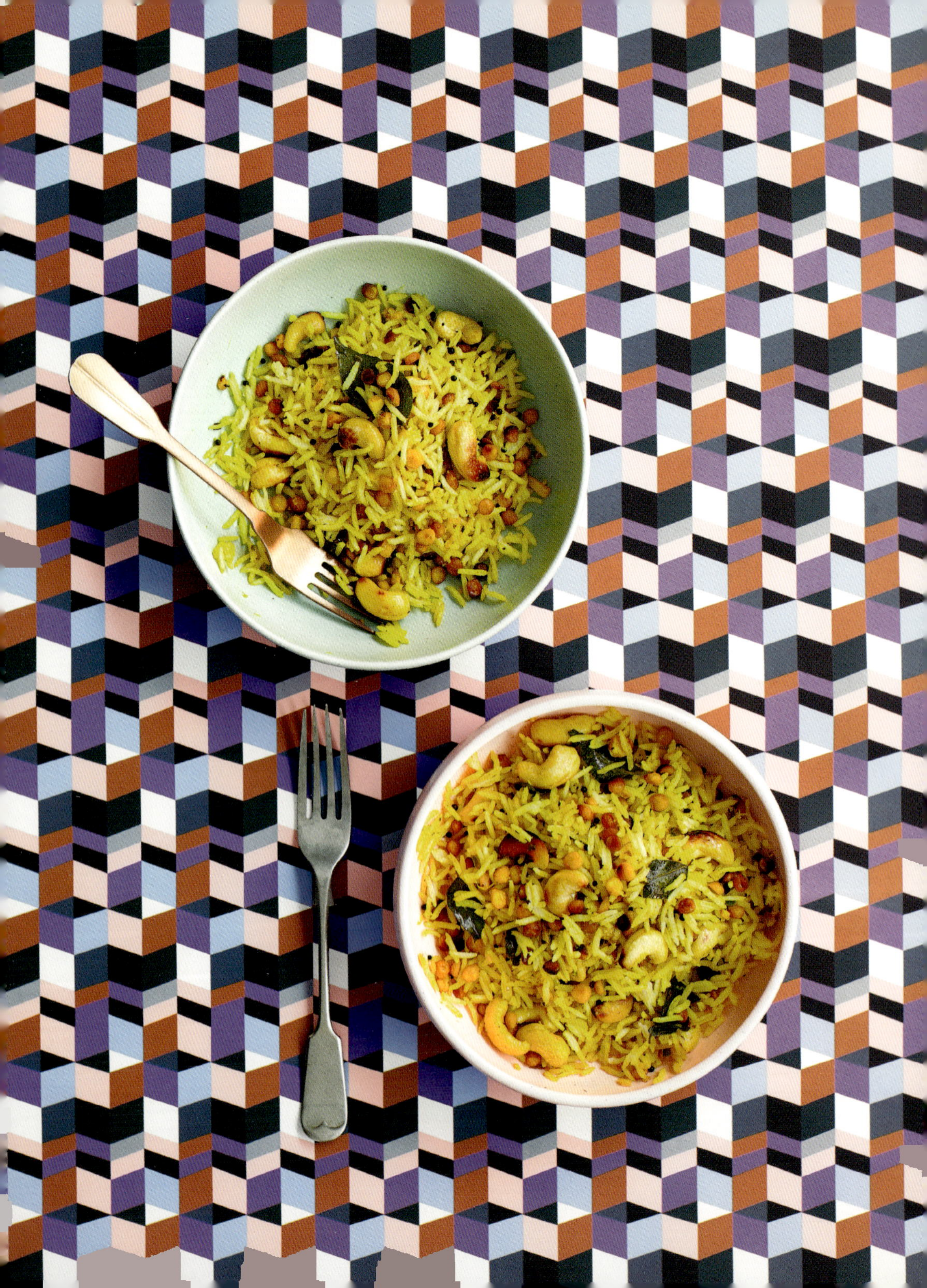

ARROZ COM ★ LIMÃO-SICILIANO

Popular no sul da Índia, esse acompanhamento tem o sabor pungente da fruta. Demolhe adequadamente as lentilhas e frite-as até dourarem bem, do contrário ficarão crocantes demais.

4-6 porções

40 minutos

75 g de lentilha vermelha
250 g de arroz basmati
3 colheres (sopa) de óleo de girassol ou outro óleo
1 colher (sopa) de semente de mostarda preta
50 g de castanha-de-caju
12 folhas frescas [ou secas] de curry
2 pimentas-malaguetas verdes picadas finamente
4 cm de gengibre picado finamente
1 colher (chá) de cúrcuma
1 colher (chá) de assa-fétida
raspas e suco de 1½ limão-siciliano
sal

Demolhe a lentilha em água fervente por 30 minutos e escorra. Cozinhe o arroz em água com um pouco de sal de acordo com as instruções da embalagem.

Em um wok ou frigideira grande, aqueça o óleo em fogo alto. Junte as sementes de mostarda e refogue até começarem a estourar. Acrescente a lentilha e refogue por 4 minutos, até dourar. Adicione a castanha-de-caju, as folhas de curry, a pimenta e o gengibre; refogue por 1-2 minutos, até dourarem. Junte a cúrcuma e a assa-fétida e mexa por 30 segundos. Acrescente o arroz e misture para cobrir bem e aquecer; retire do fogo. Adicione as raspas e o suco de limão e sal a gosto.

ARROZ DE FORNO
FESTIVO

Um clássico acompanhamento norte-americano para o peru de Dia de Ação de Graças e do Natal, que também pode agradar a mesa brasileira.

6 porções

Cerca de 1 hora

185 g de arroz selvagem
800 ml de caldo de frango
50 g de cranberry desidratado picado grosseiramente
10 fatias de bacon defumado
1 cebola picada finamente
2 talos de aipo picados finamente
1 dente de alho amassado
1 maçã picada grosseiramente
50 g de pecã picada grosseiramente
1 colher (sopa) cheia de tomilho
2 colheres (sopa) de manteiga, mais um pouco para untar
sal e pimenta-do-reino moída na hora

Cozinhe o arroz no caldo de frango de acordo com as instruções da embalagem. Hidrate o cranberry em água fervente.

Em uma frigideira, frite o bacon em fogo médio-alto, até ficar crocante. Retire e pique. Na mesma frigideira, refogue a cebola e o aipo por 10 minutos. Junte o alho, a maçã e a pecã e refogue por 8 minutos, ou até a maçã ficar macia. Acrescente o cranberry escorrido, o arroz, o bacon, o tomilho, sal e pimenta-do-reino a gosto.

Preaqueça o forno a 180°C. Transfira a mistura para uma assadeira levemente untada, coloque a manteiga por cima, cubra com papel-alumínio e asse por 15 minutos. Retire o papel-alumínio e deixe no forno por mais 10 minutos.

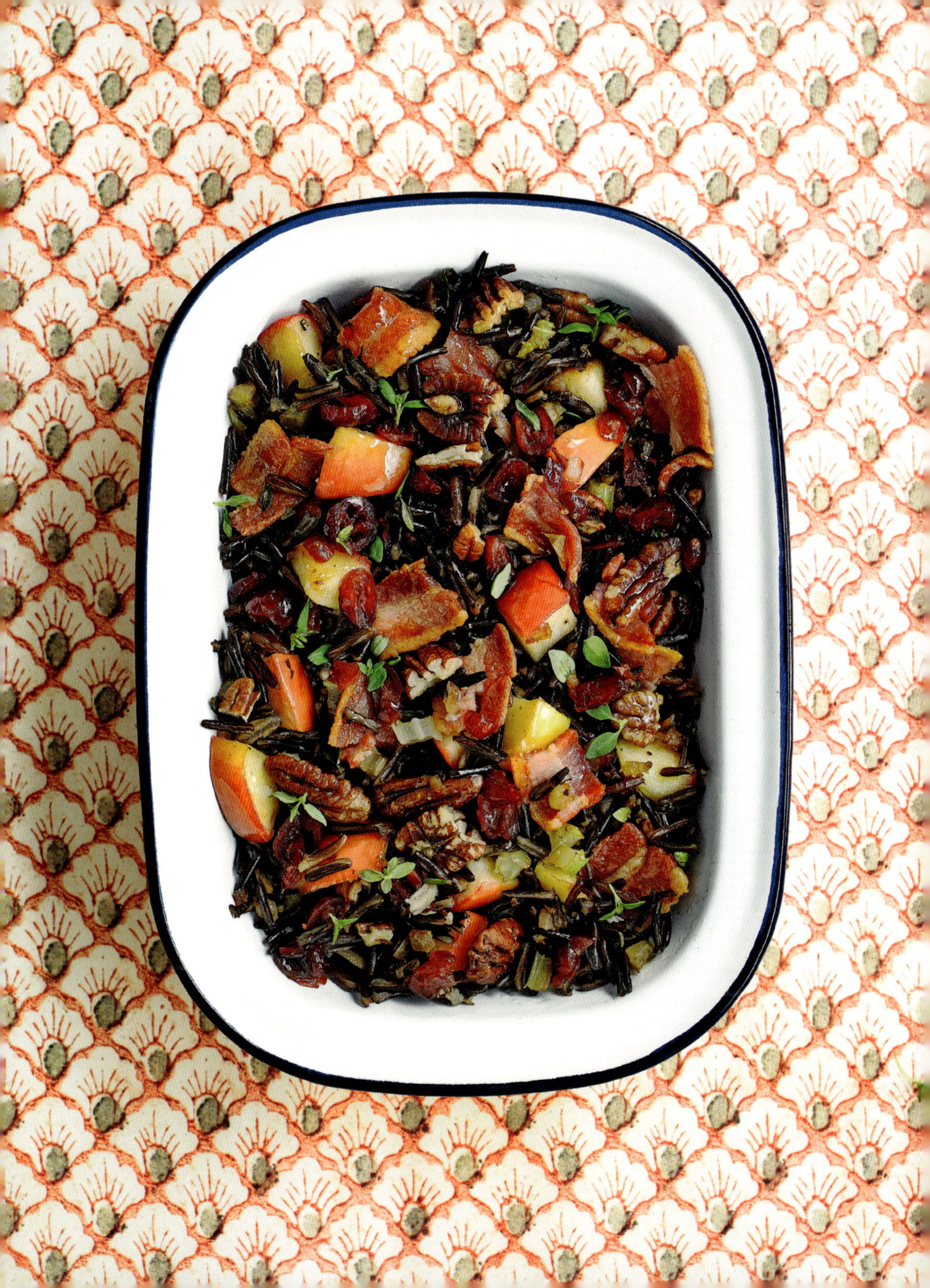

GALLO
⭐
PINTO

A Costa Rica e a Nicarágua disputam a paternidade dessa receita de arroz com feijão servida de manhã, de tarde e à noite nos dois países. O nome – "frango pintado", em espanhol – refere-se à aparência bicolor do prato.

🍴 4 porções

⏰ 25 minutos

175 g de arroz agulhinha
2 colheres (sopa) de óleo de coco ou outro óleo
1 cebola picada finamente
1 pimentão vermelho picado finamente
2 dentes de alho picados finamente
1 colher (chá) de cominho em pó
1 colher (chá) de coentro em pó
400 g de feijão-preto cozido e escorrido
2 colheres (chá) de molho inglês
gotas de molho de pimenta
um maço pequeno de coentro picado finamente
sal e pimenta-do-reino moída na hora

Cozinhe o arroz em água com um pouco de sal de acordo com as instruções da embalagem.

Em uma panela, aqueça o óleo e refogue a cebola e o pimentão por 10 minutos. Junte o alho e as especiarias. Mexa, aumente um pouco o fogo e acrescente o feijão. Refogue por 4-5 minutos, mexendo sempre, até começar a tostar. Adicione o arroz e 5-6 colheres (sopa) de água fria. Espere aquecer e junte o molho inglês e o molho de pimenta. Tempere com sal e pimenta-do-reino a gosto e acrescente o coentro.

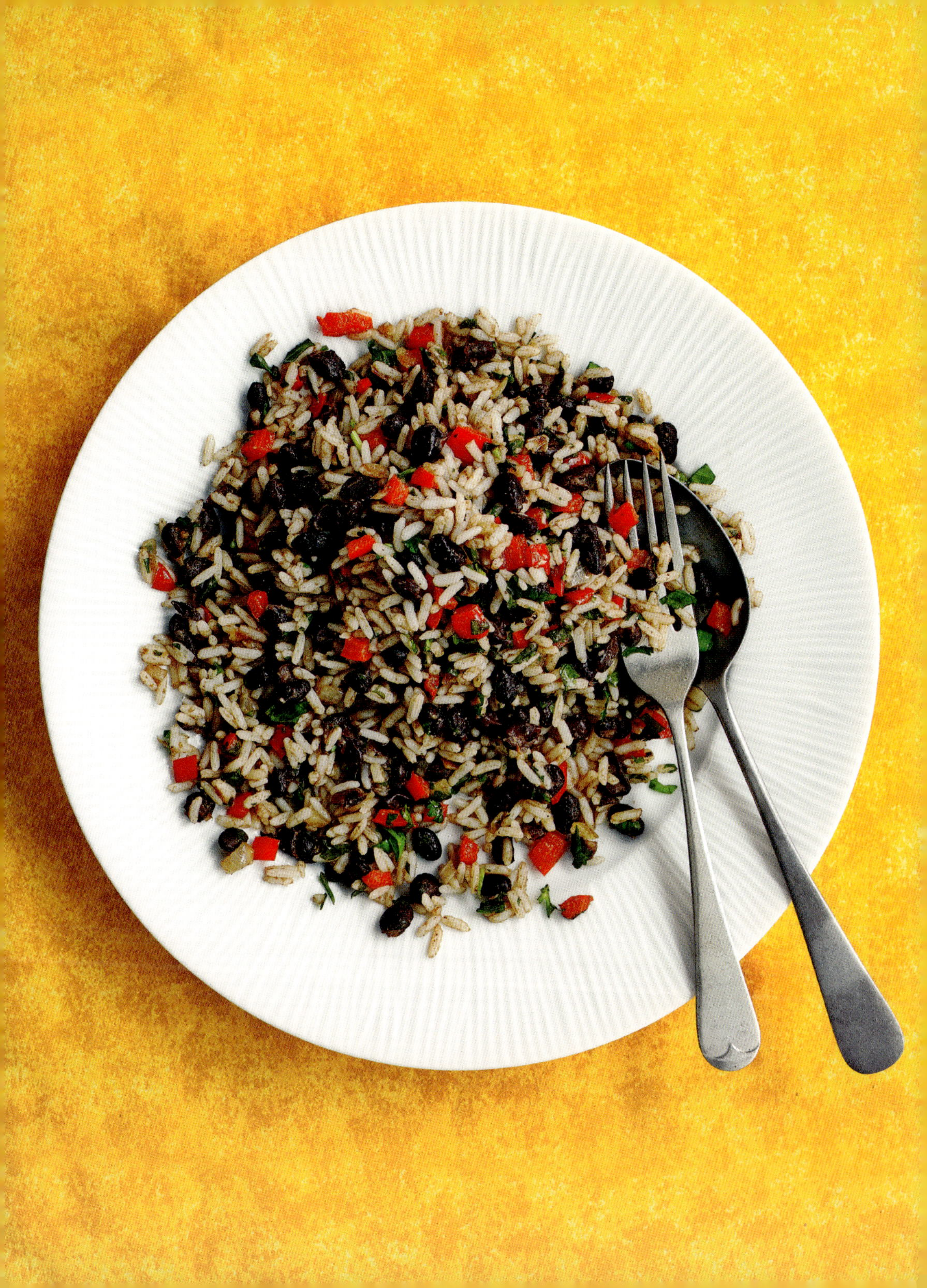

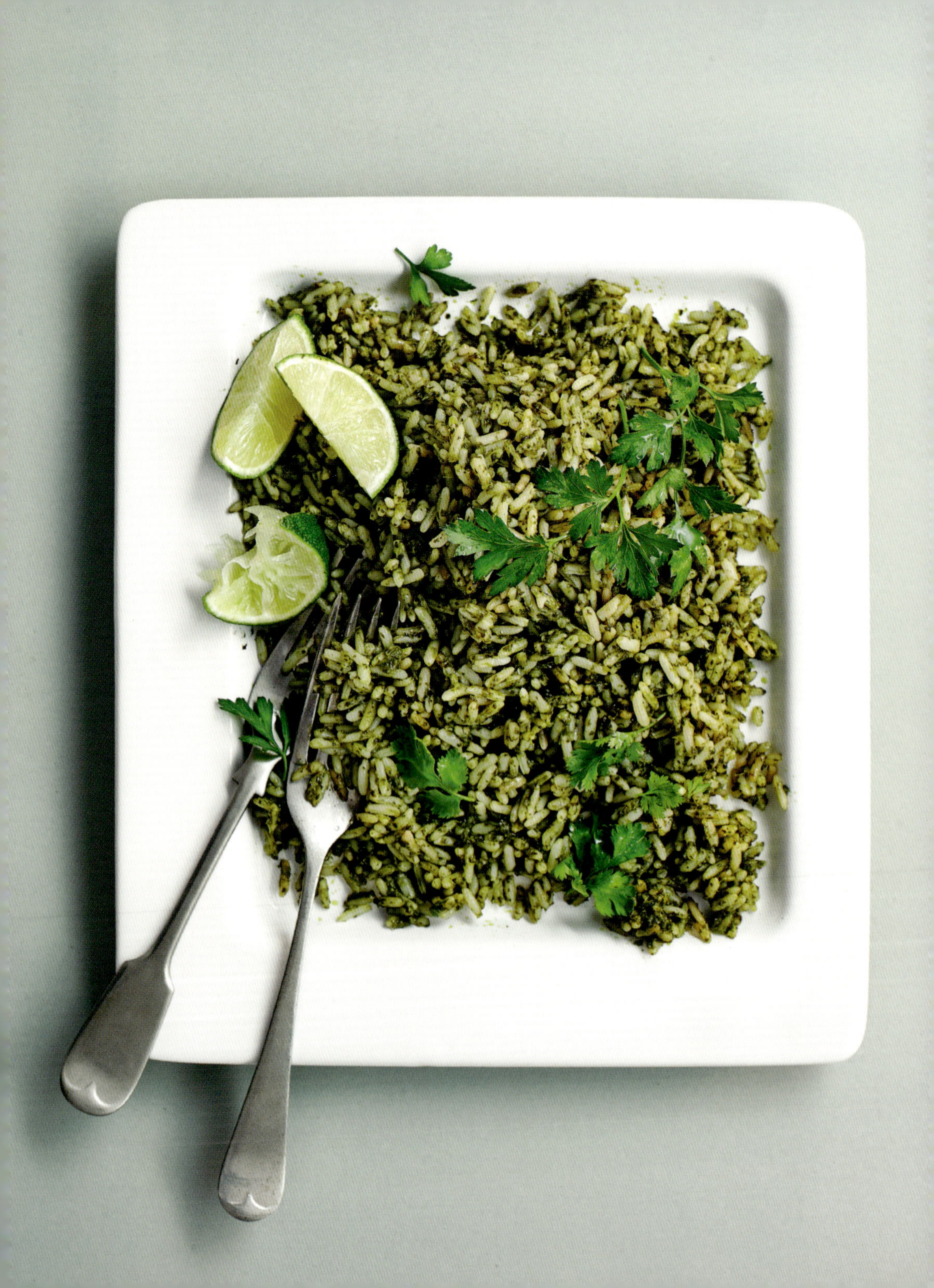

ARROZ VERDE
★
MEXICANO

Um acompanhamento que vai bem com qualquer prato mexicano. Aumente ou diminua a quantidade de pimenta a gosto.

🍴 4 porções

⏰ 35 minutos

100 g de espinafre
1-2 jalapeños sem sementes
3 echalotas [p. 175] cortadas ao meio
1 dente de alho grande
um maço pequeno de coentro
um maço pequeno de salsa
400 ml de caldo quente de legumes ou de frango
2 colheres (sopa) de azeite
250 g de arroz parboilizado
sal e pimenta-do-reino moída na hora
1 limão cortado em cunhas, para servir

Coloque o espinafre, o jalapeño, a echalota, o alho e a maior parte das ervas no processador. Bata até obter uma pasta, prove e, se quiser, acrescente mais jalapeño. Junte 4 colheres (sopa) do caldo, para diluir, e bata novamente.

Em uma panela grande, aqueça o azeite em fogo alto. Adicione o arroz e mexa para cobrir os grãos; refogue por 2-3 minutos, até começar a dourar. Junte a pasta de espinafre, tempere bem com sal e pimenta-do-reino e refogue por 2 minutos. Cubra com o caldo restante e espere ferver. Diminua o fogo para a temperatura mínima, tampe e cozinhe por 15 minutos. Desligue e finalize o cozimento no próprio vapor da panela por 10 minutos. Afofe com um garfo e sirva com as ervas restantes e as cunhas de limão, para espremer sobre o arroz.

ARROZ PILAFE COM
CARDAMOMO

Um arroz simples e macio que fica perfeito com os curries indianos. Coloque-o no forno enquanto prepara o restante da refeição.

6 porções

Cerca de 1 hora, mais descanso

50 g de manteiga, mais um pouco para untar
1 colher (sopa) de óleo de girassol
2 cebolas fatiadas finamente
10 bagas de cardamomo trituradas
2 colheres (chá) de semente de cominho
2 unidades de canela em pau
2 colheres (chá) de semente de erva-doce
2 folhas de louro
350 g de arroz basmati
650 ml de água fervente
sal

Preaqueça o forno a 200°C. Em uma frigideira grande, adicione a manteiga e o óleo em fogo médio. Refogue a cebola com uma pitada de sal por 10-15 minutos, até dourar. Junte as especiarias e as folhas de louro. Refogue por 1 minuto, acrescente o arroz com uma pitada de sal e misture bem. Refogue por 2 minutos e transfira para uma travessa refratária bem untada. Regue com a água fervente, vede bem com papel-alumínio e asse por 35 minutos. Retire e reserve por 10 minutos antes de servir.

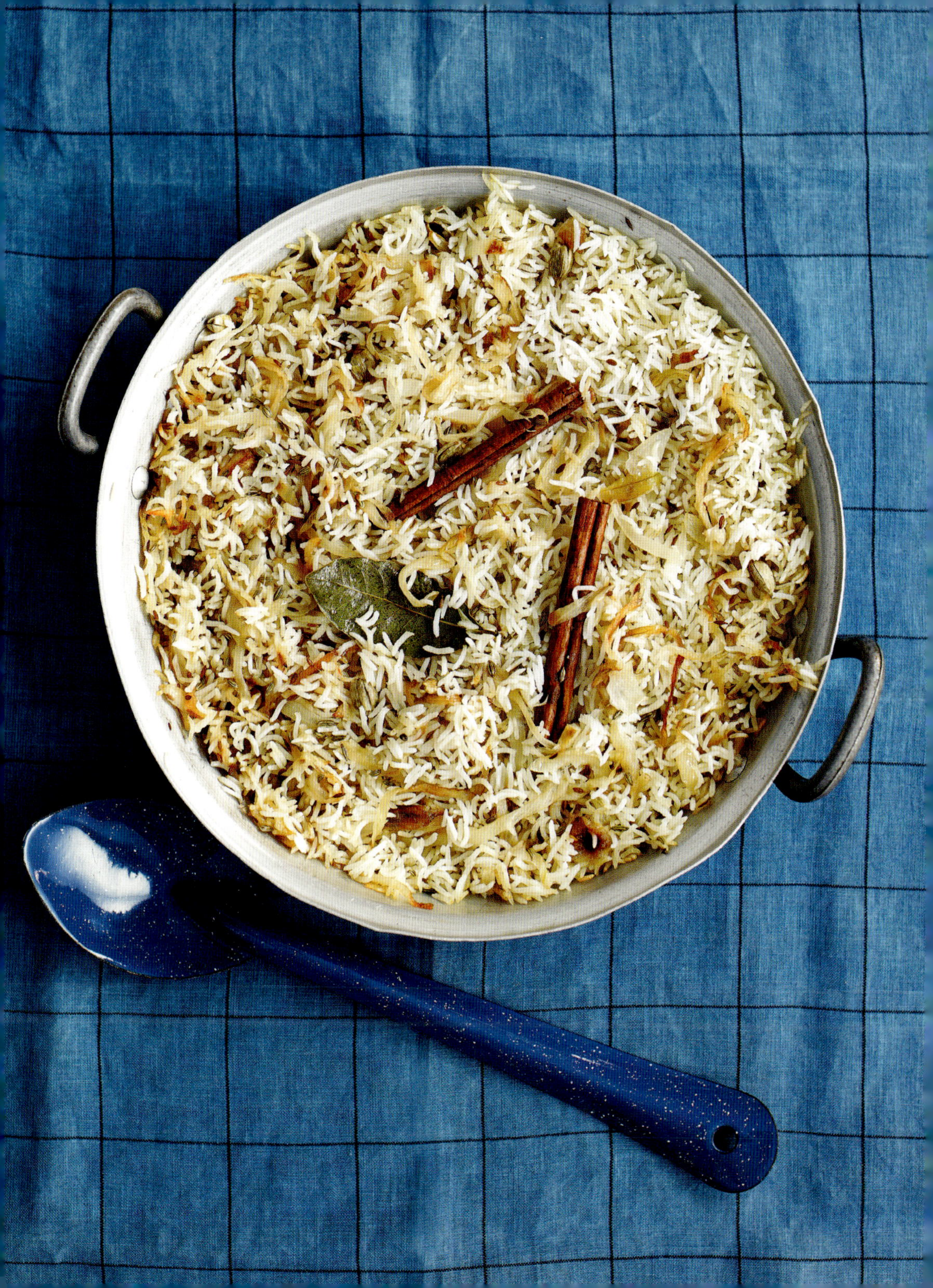

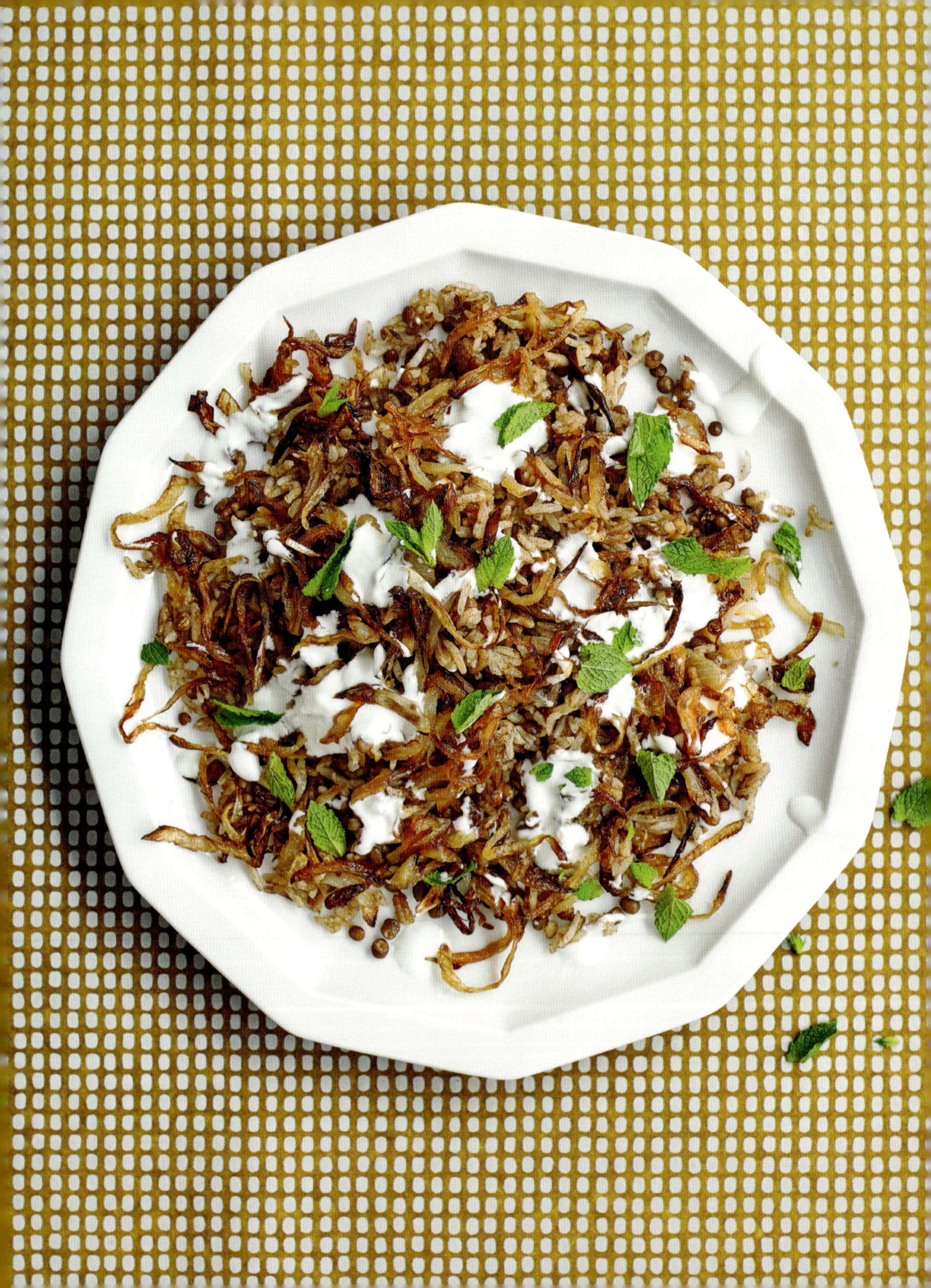

ARROZ

⭐

MJADRA

Essa receita libanesa é o acompanhamento perfeito para cordeiro ou frango. Se houver sobra, o que raramente acontece, o arroz fica delicioso frio no dia seguinte.

🍴 4-5 porções

⏰ 45 minutos

175 g de arroz jasmim ou basmati
6 colheres (sopa) de óleo de girassol
4 cebolas fatiadas finamente
4 dentes de alho fatiados finamente
2-2½ colheres (chá) de semente de cominho
2 colheres (chá) de coentro em pó
1 colher (chá) de canela em pó
400 g de lentilha cozida e escorrida
300 ml de caldo quente de legumes
4-5 colheres (sopa) de coalhada fresca
um punhado de hortelã
sal e pimenta-do-reino moída na hora

Demolhe o arroz em bastante água fria. Aqueça metade do óleo em uma frigideira grande em fogo alto. Frite metade da cebola com uma pitada de sal por cerca de 15 minutos, até ficar caramelada e crocante. Retire com uma escumadeira e coloque sobre papel-toalha. Repita com o óleo e a cebola restantes.

Junte o alho e as especiarias ao óleo que restou na frigideira e refogue por 30 segundos. Acrescente a lentilha e o arroz escorrido. Mexa, para cobrir, e adicione o caldo com um terço da cebola frita. Tampe e cozinhe em fogo baixo por 10 minutos. Retire do fogo e finalize o cozimento no vapor da panela por 10 minutos. Tempere com sal e pimenta-do-reino, afofe com um garfo e transfira para o prato de servir. Disponha colheradas de coalhada, a cebola restante, a hortelã e um pouco de pimenta-do-reino.

ARROZ FRITO COM
ABACAXI E GENGIBRE

Para uma apresentação divertida, sirva esse acompanhamento de inspiração chinesa e tailandesa em cascas de abacaxi.

4-6 porções

40 minutos, mais refrigeração

225 g de arroz jasmim
1½ colher (sopa) de molho XO*
2½ colheres (sopa) de molho de soja light
1½ colher (sopa) de óleo de coco
3 dentes de alho fatiados finamente
2 echalotas [p. 175] fatiadas
1-2 pimentas olho-de-pássaro [ou pimentas-malaguetas] fatiadas finamente
2,5 cm de gengibre picado finamente
200 g de acelga-chinesa fatiada
300 g de abacaxi picado
sal e pimenta-do-reino moída na hora

Cozinhe o arroz em água com um pouco de sal de acordo com as instruções da embalagem. Espere esfriar e leve à geladeira, de preferência durante toda a noite.

Misture o molho XO e o molho de soja; reserve. Em uma frigideira grande ou wok, aqueça o óleo de coco em fogo médio-alto. Frite o alho até ficar crocante. Retire com uma escumadeira e reserve. Adicione a echalota e refogue por 3-4 minutos, até dourar. Junte a pimenta e o gengibre e refogue por 1 minuto. Acrescente a acelga-chinesa e refogue por 2 minutos, até o talo ficar macio. Adicione a mistura de molhos e deixe borbulhar. Junte o arroz e o abacaxi, mexendo para cobrir e aquecer. Prove e, se necessário, tempere com sal e pimenta-do--reino. Espalhe o alho crocante na hora de servir.

* "O molho XO foi criado em Hong Kong na década de 1980, feito de vieiras secas, óleo, pimentas e sal." Fonte: Corrêa, Myrna. *Dicionário de gastronomia*. São Paulo, Matrix, 2016. Caso não encontre em lojas de produtos orientais, substitua por 1 colher (sopa) de óleo de pimenta (tempero la yu) misturada a 1 colher (sopa) de molho de ostra.

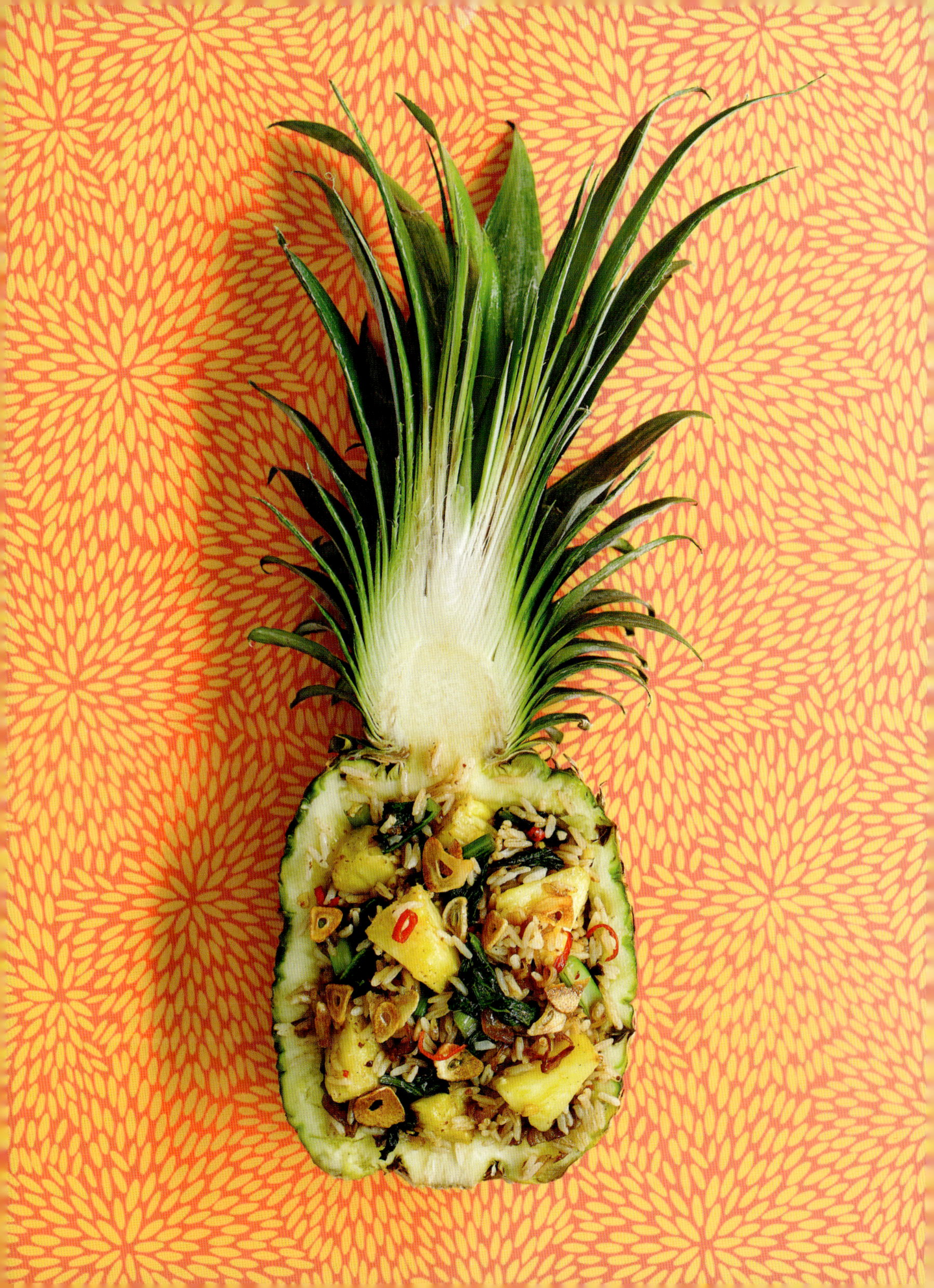

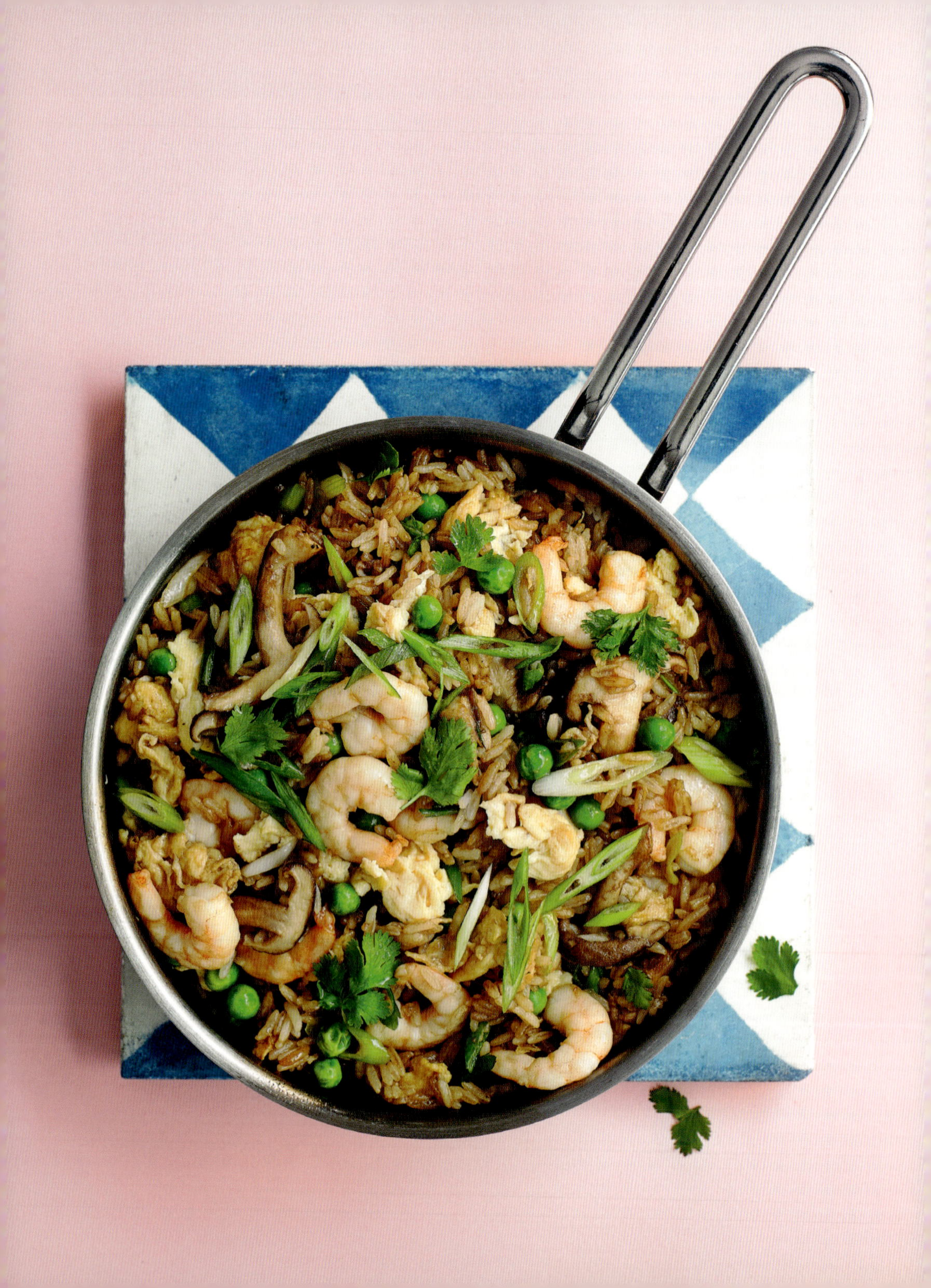

ARROZ FRITO
★
À MODA DE YANGZHOU

Essa receita chinesa fica mais gostosa se o arroz cozido ficar na geladeira por uma noite.

4-6 porções

40 minutos, mais refrigeração

300 g de arroz jasmim
5 colheres (sopa) de óleo de girassol
3 ovos batidos e temperados com sal e pimenta-do-reino moída na hora
100 g de shiitake fatiado finamente
150 g de camarão descascado cozido
75 g de ervilha congelada (descongele antes de usar)
6 cebolinhas fatiadas finamente
1 colher (sopa) de óleo de gergelim
2 colheres (sopa) de vinho de arroz
4 colheres (sopa) de molho de soja
um punhado de coentro, para servir

Cozinhe o arroz de acordo com as instruções da embalagem. Espalhe em uma assadeira e deixe esfriar. Leve à geladeira até a hora de preparar a receita – de preferência, durante toda a noite.

Quando for servir, aqueça 1 colher (sopa) de óleo de girassol em um wok até ficar bem quente. Junte o ovo batido e mexa por 30 segundos; transfira para um prato. Recoloque o wok no fogo, acrescente 3 colheres (sopa) de óleo de girassol e aqueça até quase soltar fumaça. Adicione o shiitake e refogue por 2 minutos. Junte o óleo restante e o arroz gelado. Sem parar de mexer, refogue por 4-5 minutos, até começar a ficar crocante em alguns pontos. Acrescente o camarão, a ervilha, o ovo mexido e metade da cebolinha. Refogue por mais 2 minutos. Junte o óleo de gergelim, o vinho de arroz e o molho de soja; se necessário, adicione mais óleo de gergelim ou molho de soja a gosto.

Para servir, finalize com o coentro e a cebolinha restante.

ARROZ COM FEIJÃO
★
MOROS Y CRISTIANOS

Experimente essa versão caribenha da dupla essencial na alimentação, o arroz com feijão. Vai bem com tudo, mas fica particularmente gostoso com frango picante feito na churrasqueira.

🍴 4 porções

⏰ 35 minutos

5 cebolinhas fatiadas finamente
1 pimenta scotch bonnet ou habanero seca
2 dentes de alho amassados
4 ramos grandes de tomilho, mais um pouco para guarnecer
½ colher (chá) de pimenta-da-jamaica
250 g de arroz parboilizado
400 ml de leite de coco
250 ml de caldo quente de legumes
½ colher (chá) de sal
400 g de feijão-roxinho cozido e escorrido

Em uma panela grande, junte a cebolinha, a pimenta, o alho, o tomilho, a pimenta-da-jamaica e o arroz. Cubra com o leite de coco e misture. Acrescente o caldo de legumes e o sal. Espere ferver, diminua o fogo para a temperatura mais baixa, tampe e cozinhe por 10 minutos.

Levante rapidamente a tampa e adicione o feijão. Tampe novamente e cozinhe por 10 minutos. Apague o fogo e reserve, tampado, por 10 minutos. Mexa e sirva com alguns ramos de tomilho.

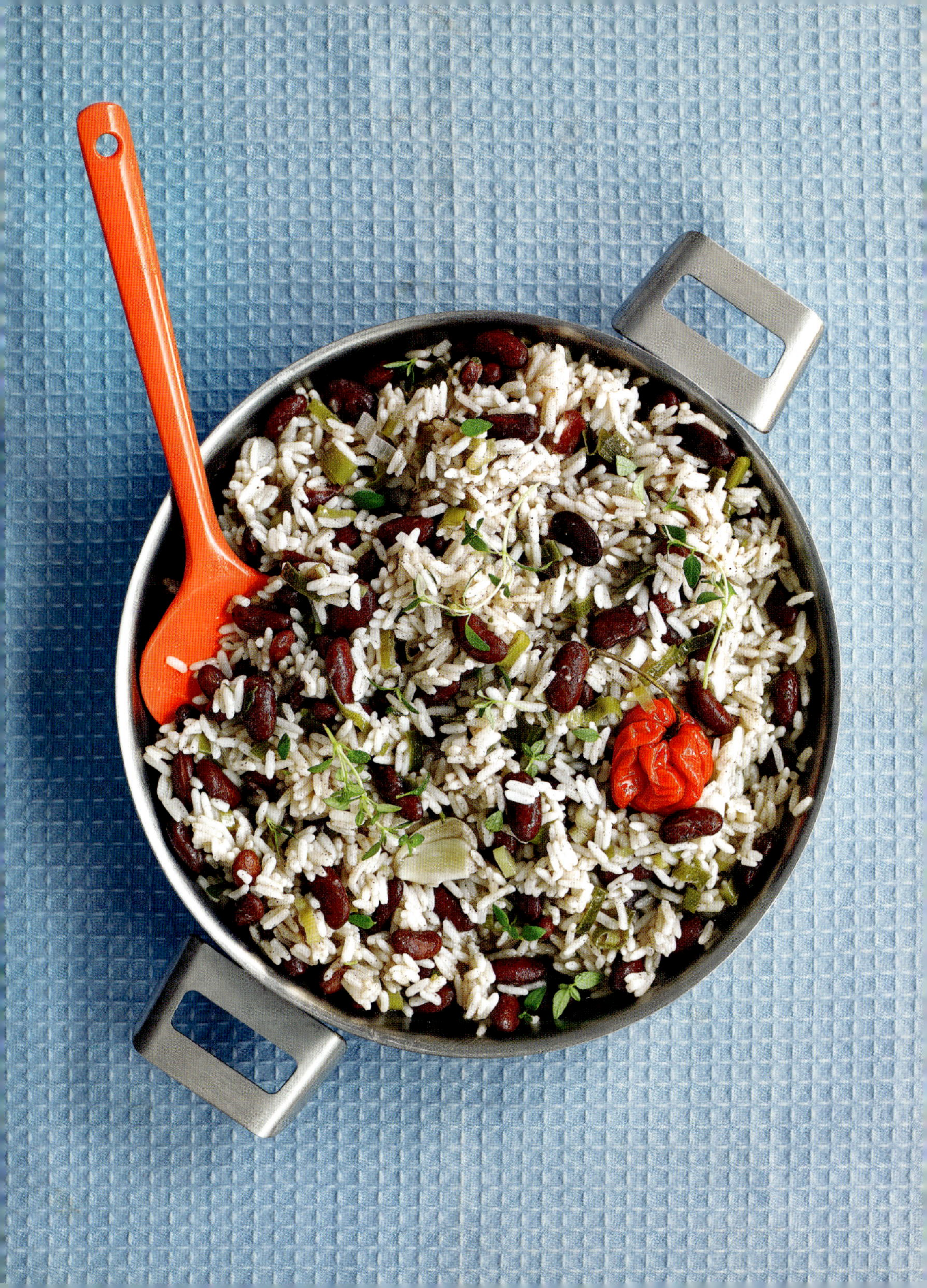

ARROZ COM AÇAFRÃO
AO ESTILO PERSA

Esse prato é uma verdadeira iguaria de grãos fofos e amanteigados de arroz. Tah-dig, a camada tostada que fica no fundo da panela, transforma-se em uma cobertura crocante quando o arroz é invertido – e todo mundo vai brigar por ela.

6-8 porções

cerca de 1 hora, mais demolha

450 g de arroz basmati
2 pitadas grandes de pistilos de açafrão
100 ml de água fervente
2 colheres (sopa) de óleo de girassol
100 g de manteiga
sal

Demolhe o arroz em água fria por 30 minutos; escorra. Dissolva os pistilos de açafrão na água fervente.

Ferva água com um pouco de sal em uma panela grande. Junte o arroz e cozinhe por 6-8 minutos.

Forre a base de uma panela grande com um círculo de papel-manteiga. Aqueça o óleo e metade da manteiga, acrescente metade da água de açafrão e, com cuidado, disponha o arroz. Regue com a água de açafrão restante, tempere com 1 colher (chá) de sal e junte a manteiga restante. Embrulhe a tampa da panela em um pano de prato, amarrando por cima para não ficar pendurado; tampe e cozinhe o arroz em fogo médio-alto por 8 minutos. Reduza o fogo e cozinhe por mais 30 minutos. Desligue e finalize o cozimento no vapor da panela por 10 minutos. Na hora de servir, desenforme sobre um prato, para que o fundo crocante fique por cima.

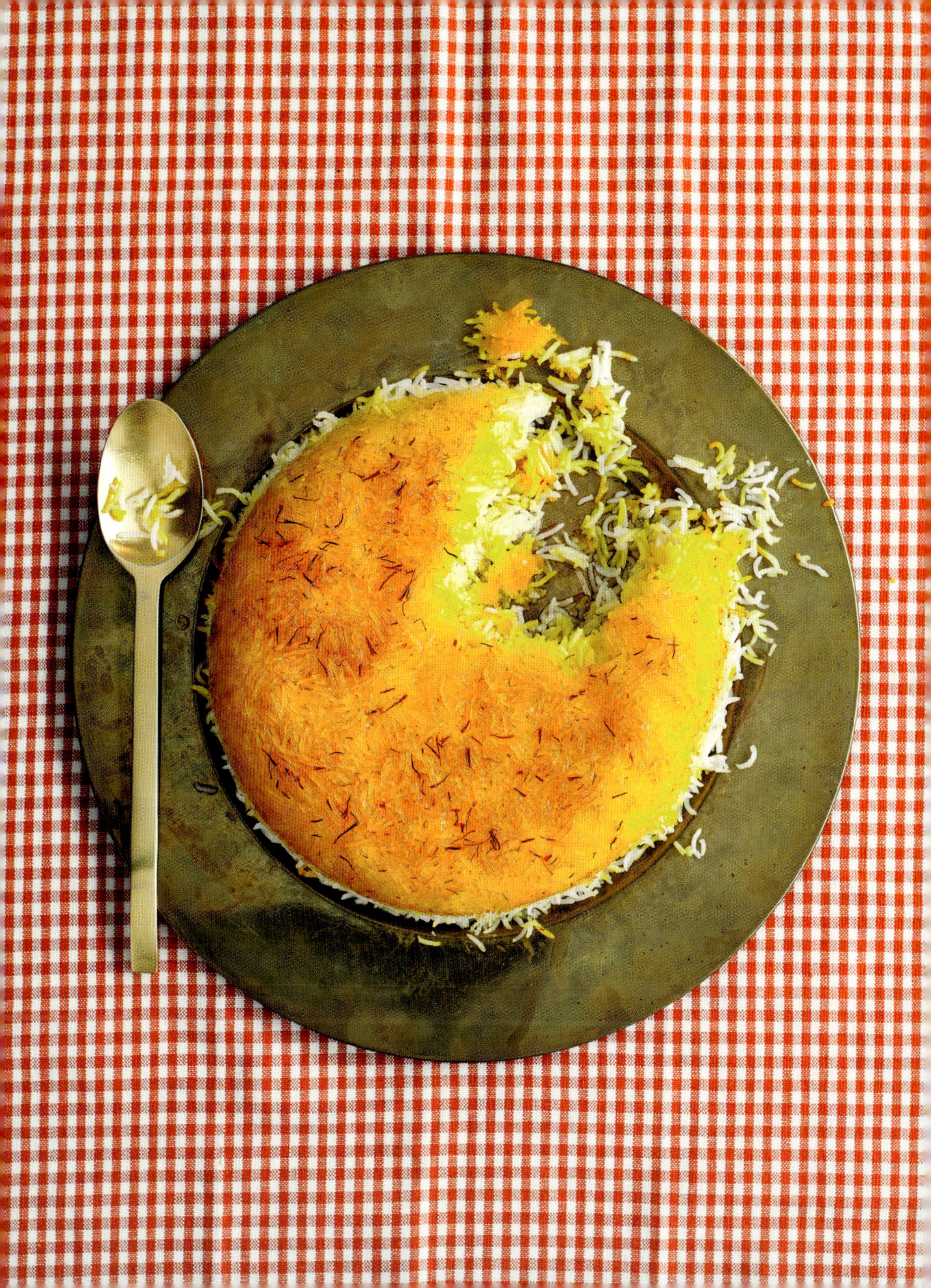

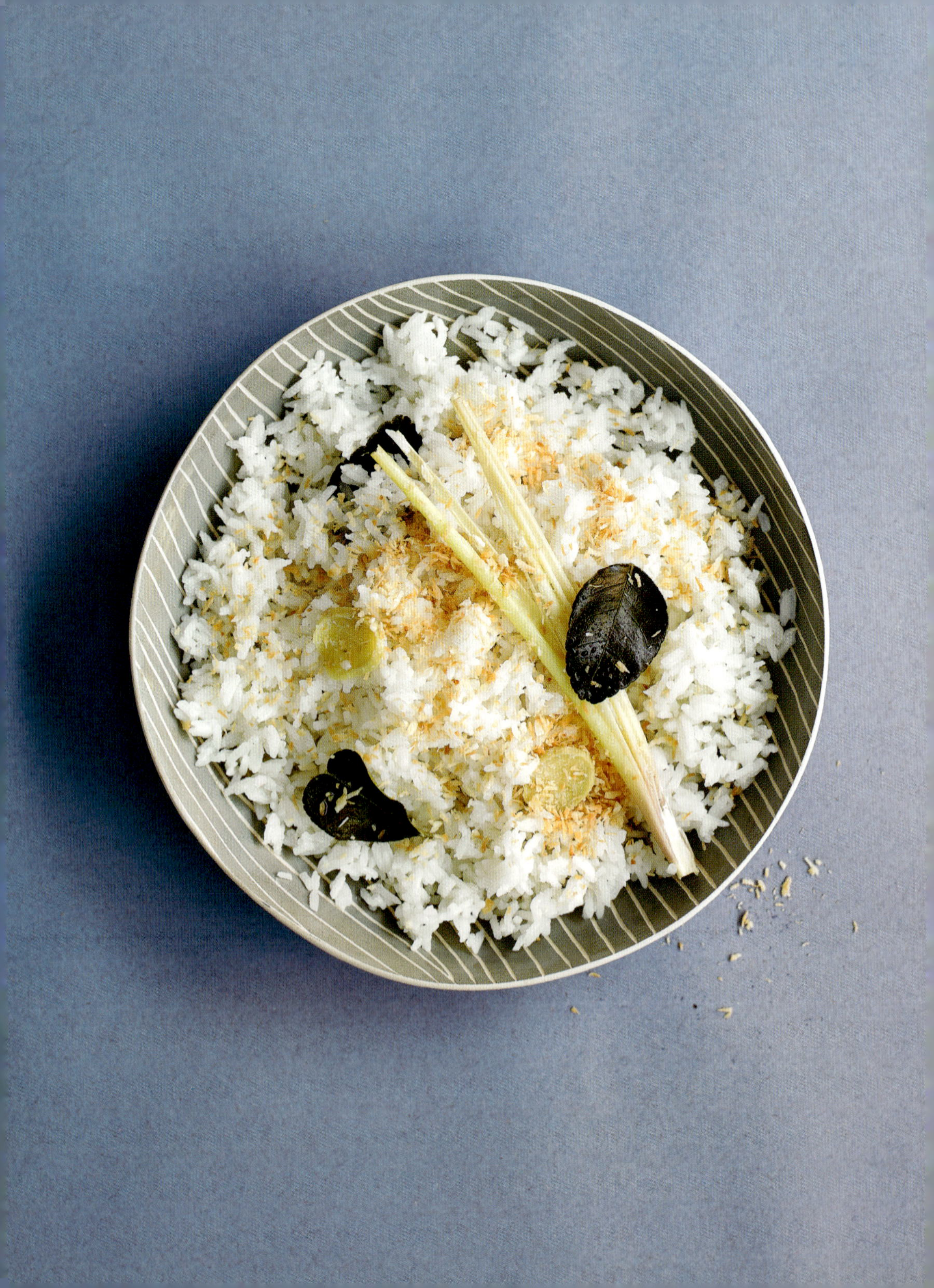

ARROZ COM COCO, LIMÃO E CAPIM-SANTO

Utilize folhas de limão frescas no preparo desse acompanhamento tailandês aromático. Mas você também pode congelar as folhas e usá-las quando necessário – basta lavá-las e secá-las bem antes de armazenar no freezer.

4 porções

30 minutos

225 g de arroz jasmim
1 talo de capim-santo
3 fatias de gengibre
3 folhas de limão
½ colher (chá) de sal
350 ml de leite de coco light
2 colheres (sopa) de coco ralado finamente

Lave o arroz e coloque-o em uma panela. Descarte as folhas externas do capim-santo, corte o talo ao meio no sentido do comprimento e amasse-o levemente. Junte-o ao arroz com o gengibre, as folhas de limão e o sal. Regue com o leite de coco e leve ao fogo até ferver. Diminua a chama, tampe e cozinhe por 15 minutos. Retire do fogo e finalize o cozimento no vapor da panela por 10 minutos.

Em uma frigideira pequena, toste ligeiramente o coco ralado. Transfira o arroz para um prato de servir e espalhe o coco tostado por cima.

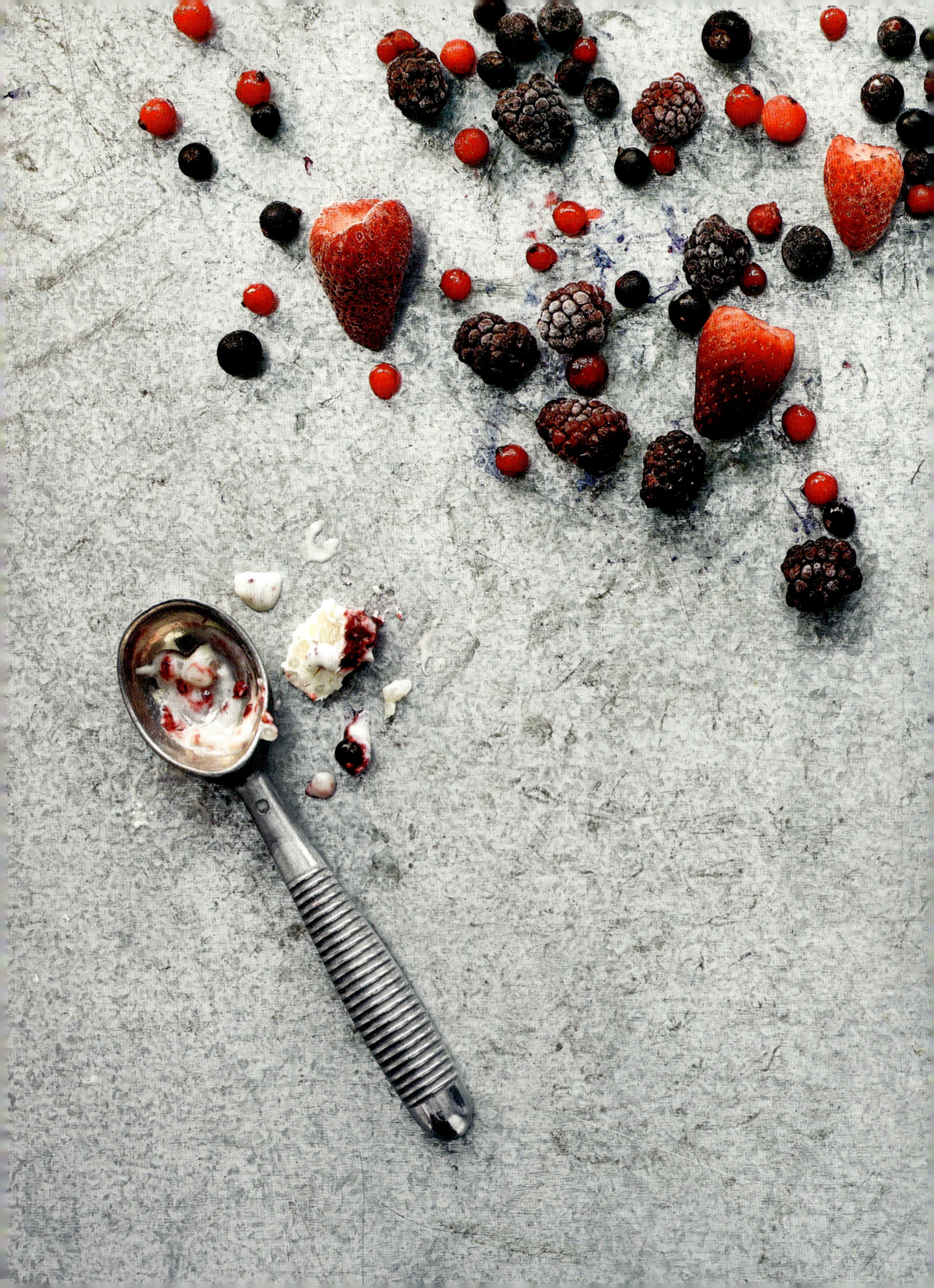

SOBREMESAS E
★
GULOSEIMAS

ARROZ-DOCE
★
BRÛLÉE COM MIRTILO

A melhor parte dessa sobremesa é quebrar a camada crocante de açúcar para descobrir o que há por baixo dela.

4 porções

45 minutos, mais esfriamento

200 g de mirtilo
8½ colheres (sopa) de açúcar
suco de ½ limão-siciliano e raspas de 1 limão-siciliano
850 ml de leite integral
sementes de ½ fava de baunilha
uma pitada de sal
125 g de arroz branco de grãos curtos
2 gemas
250 g de mascarpone

Em uma panela pequena, misture o mirtilo, 3½ colheres (sopa) de açúcar e o suco de limão. Leve ao fogo médio-alto e ferva por 10-12 minutos, ou até a fruta se romper, soltando os sucos, e o líquido reduzir. Divida entre quatro ramequins com capacidade para 200 ml e deixe esfriar completamente.

Em outra panela, aqueça o leite, a fava e as sementes de baunilha e o sal. Junte o arroz e cozinhe em fogo baixo após a fervura por 20-25 minutos, mexendo de vez em quando, até os grãos ficarem macios e cremosos. Diminua o fogo e retire a fava de baunilha.

Bata as gemas, o mascarpone, 1 colher (sopa) de açúcar e as raspas de limão. Junte ao arroz e mexa sem parar por cerca de 4 minutos, até engrossar. Distribua entre os ramequins e espere esfriar até ficar morno e uma película se formar na superfície. Espalhe em cada ramequim 1 colher (sopa) de açúcar e use um maçarico para caramelar.

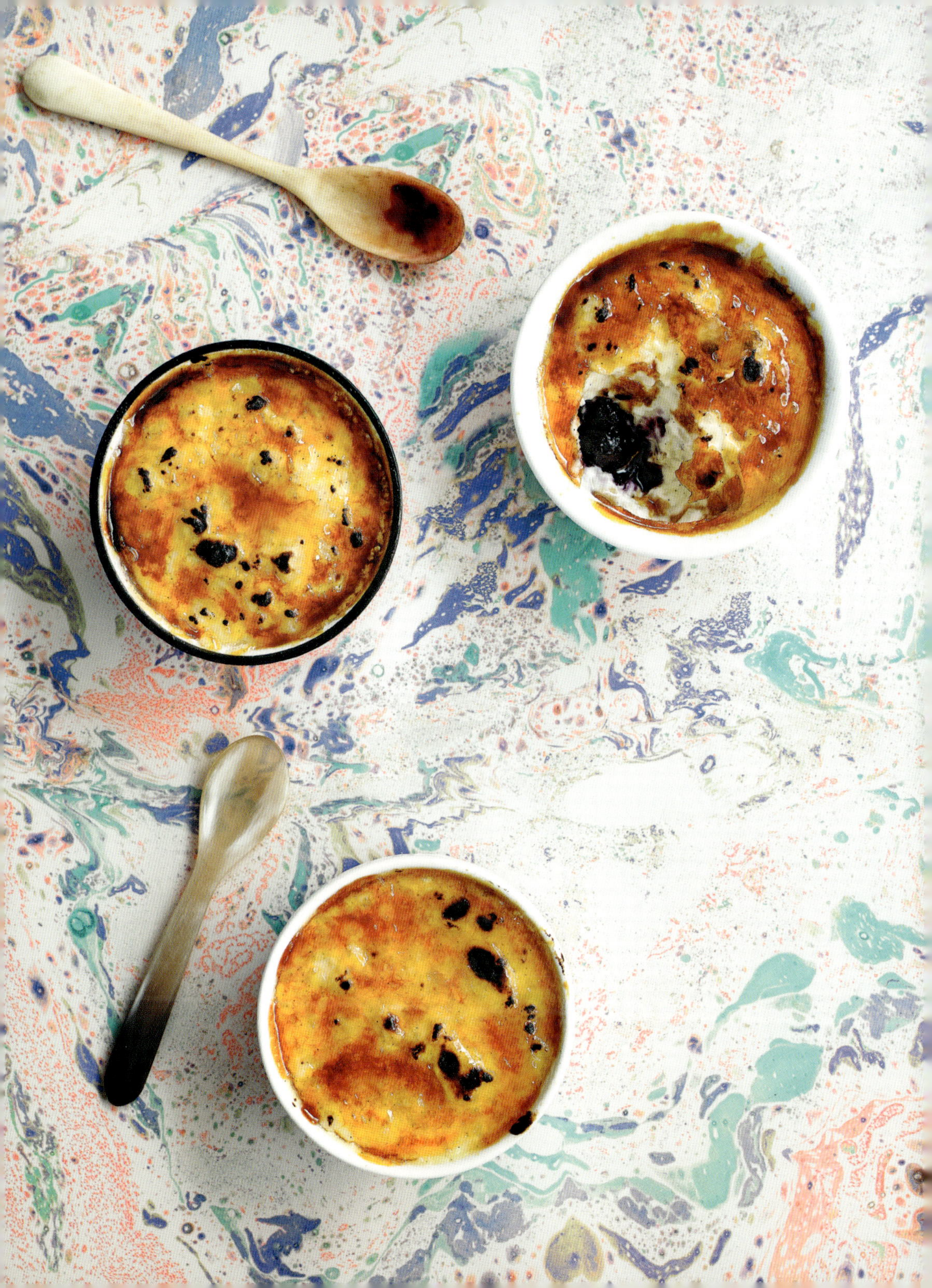

PÊSSEGO ASSADO E
★
ARROZ CON LECHE

Essa sobremesa de inspiração espanhola, aromatizada com canela e limão-siciliano, é servida gelada com pêssegos assados mornos e creme de leite.

2 porções

50 minutos, mais refrigeração

600 ml de leite, mais um pouco se necessário
casca de ½ limão-siciliano
1 unidade de canela em pau
uma pitada de sal
75 g de arroz bomba ou para paella
1½ colher (sopa) de açúcar
½ colher (chá) de extrato de baunilha
3 colheres (sopa) de creme de leite fresco
2 pêssegos
mel, para regar
2 colheres (sopa) de manteiga

Em uma panela, aqueça o leite, a casca de limão, a canela e o sal. Quando ferver, junte o arroz e cozinhe, mexendo sempre, por 30-40 minutos, ou até ficar macio. Se ficar muito grosso, junte mais leite. Retire do fogo e acrescente o açúcar, a baunilha e 1 colher (sopa) de creme de leite. Descarte a casca de limão e a canela. Distribua entre bowls, espere esfriar e leve à geladeira por 1-2 horas.

Perto da hora de servir, preaqueça o forno a 200°C. Corte os pêssegos em quartos e coloque-os em uma assadeira forrada com papel-manteiga. Regue com bastante mel e cubra com pedaços de manteiga. Asse por 15-20 minutos, regando com o líquido da assadeira na metade do cozimento. Espere esfriar um pouco.

Coloque pedaços de pêssego e calda em cada porção de arroz, regue com um pouco de mel e sirva com uma colherada de creme de leite.

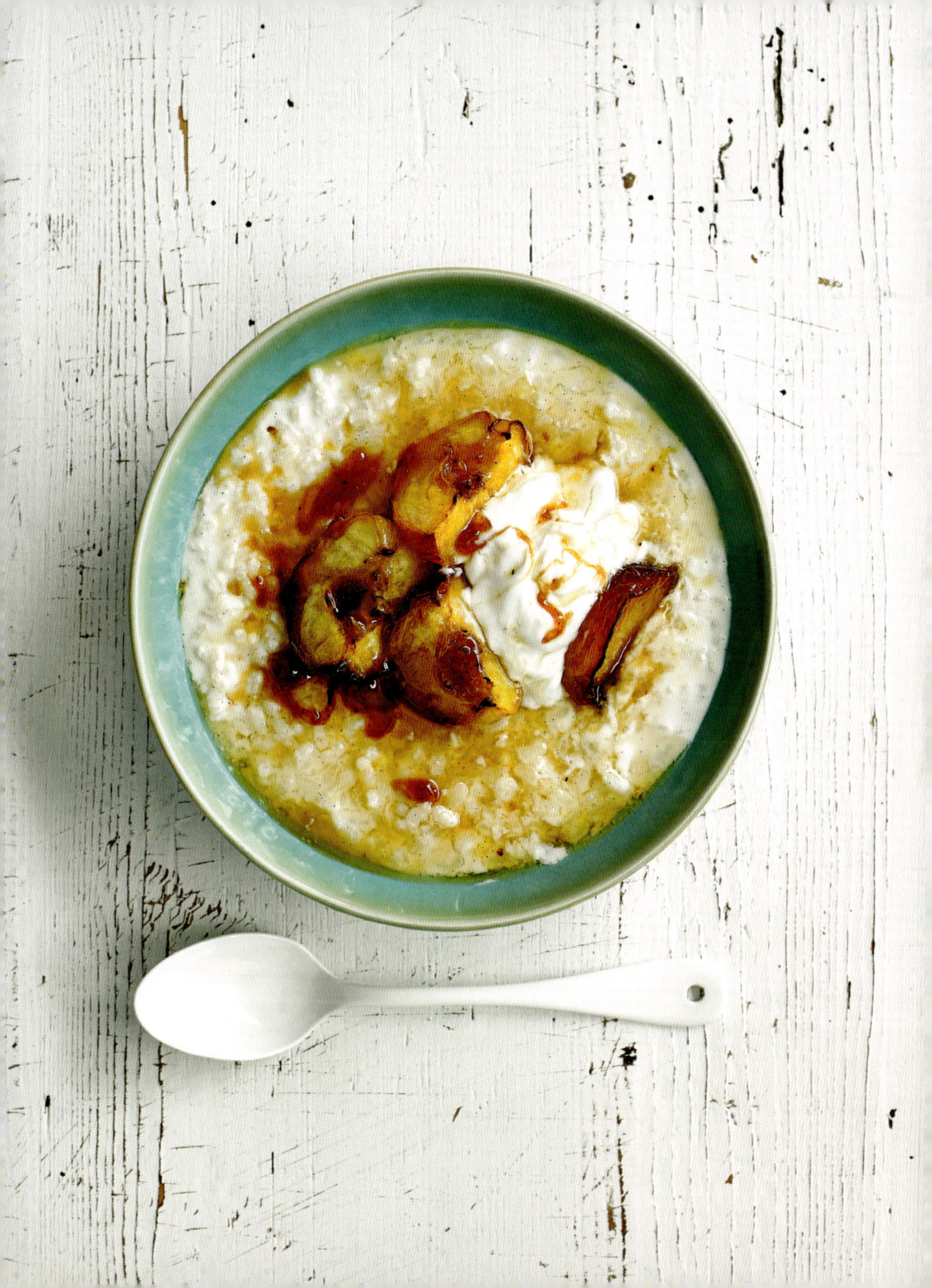

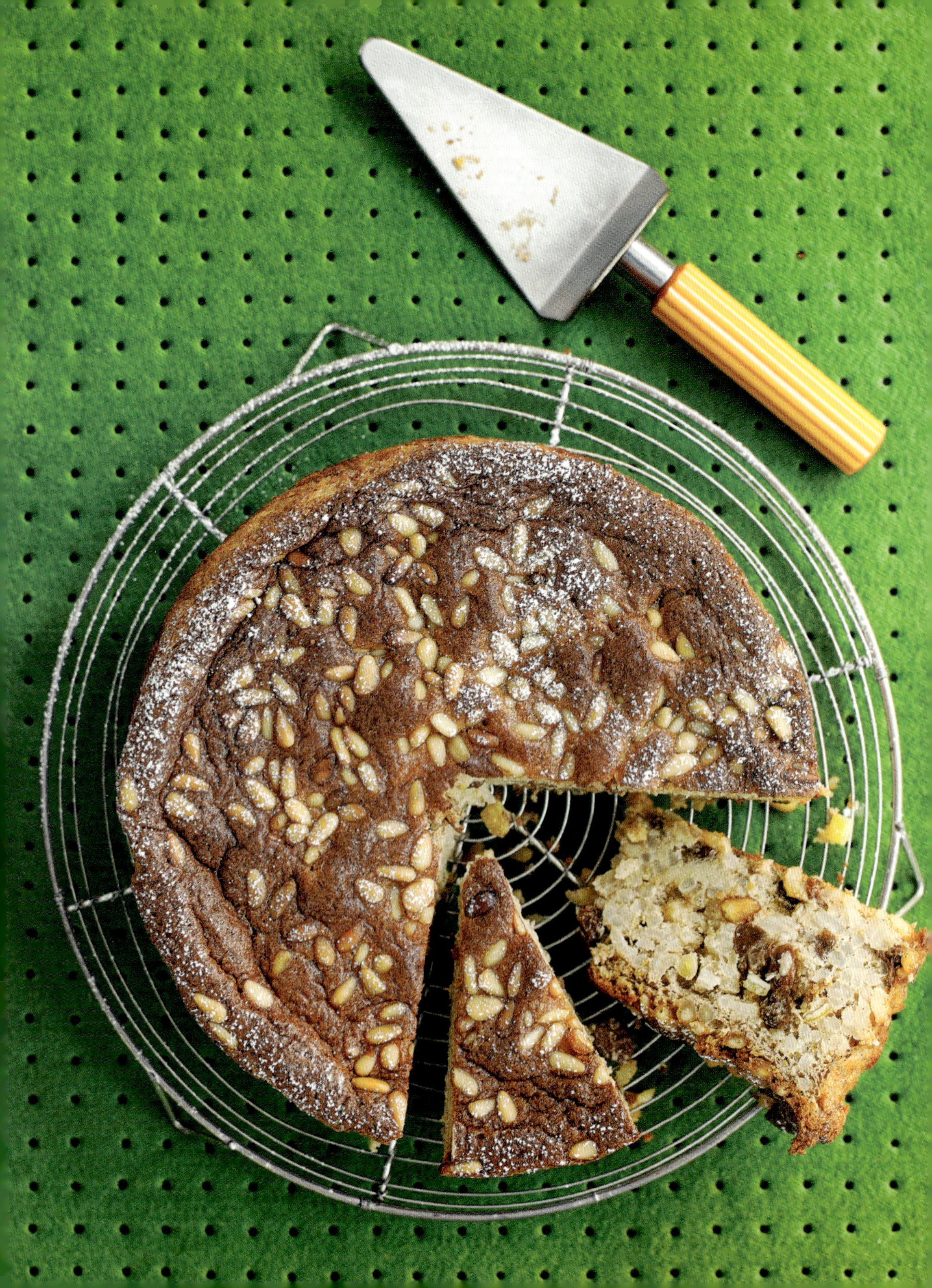

TORTA

⭐

DI RISO

Para servir esse doce toscano às crianças, substitua o marsala por mais suco de laranja. Pode ser mantido na geladeira por alguns dias.

🍴 8-10 porções

⏰ 1h40, mais esfriamento e refrigeração

manteiga, para untar
125 g de uva-passa branca
50 ml de marsala
suco e raspas de 1 laranja pequena
1 litro de leite integral
uma pitada de sal
sementes de 1 fava de baunilha
200 g de arroz arbório
175 g de açúcar
1½ colher (chá) de canela em pó
50 g de casca de laranja e de limão-siciliano cristalizadas
5 ovos, claras e gemas separadas
4 colheres (sopa) cheias de pinhole
açúcar de confeiteiro, para polvilhar

Unte e forre com papel-manteiga a base e as laterais de uma fôrma de bolo funda e redonda com 20 cm de diâmetro. Hidrate a uva-passa no marsala misturado ao suco de laranja.

Em uma panela, ferva o leite com o sal, a fava e as sementes de baunilha. Adicione o arroz e cozinhe por 20-25 minutos, mexendo várias vezes, até ficar denso, macio e cremoso. Deixe esfriar.

Preaqueça o forno a 180°C. Retire a fava de baunilha e transfira o arroz para uma tigela. Acrescente a uva-passa e o líquido em que ficou de molho, as raspas de laranja, o açúcar, a canela, as cascas cristalizadas e as gemas.

Em outra vasilha, bata as claras em neve. Adicione algumas colheradas ao arroz, incorpore com delicadeza, e junte as claras restantes. Transfira para a fôrma, espalhe o pinhole e asse por 1 hora (cubra com papel-manteiga depois de 30 minutos). Deixe esfriar por 30 minutos, desenforme e espere esfriar completamente sobre uma grade. Leve à geladeira, de preferência durante a noite, antes de servir. Espalhe o açúcar de confeiteiro e fatie.

SORVETE DE ARROZ
★
COM FRUTAS VERMELHAS

Não é preciso usar sorveteira para preparar essa sobremesa gelada supercremosa. Sirva em fatias ou em bolas, como preferir.

8 porções

40 minutos, mais esfriamento e congelamento

700 ml de leite integral, mais um pouco se necessário
125 g de açúcar
uma pitada de sal
sementes de 1 fava de baunilha
125 g de arroz branco de grão curto
500 ml de creme de leite fresco
150 g de frutas vermelhas (morango, mirtilo, framboesa, amora, groselha) congeladas

Para a compota
350 g de frutas vermelhas (morango, mirtilo, framboesa, amora, groselha) congeladas
85 g de açúcar
suco de ½ limão-siciliano

Em uma panela, ferva o leite, o açúcar, o sal, a fava e as sementes de baunilha. Junte o arroz, diminua o fogo e cozinhe por 25-30 minutos, ou até ficar macio, mexendo de vez em quando. Se necessário, acrescente mais leite. Deixe esfriar.

Para a compota, coloque todos os ingredientes em uma panela em fogo médio. Quando o açúcar dissolver, cozinhe em fogo baixo por 10 minutos, até ficar com consistência de geleia. Reserve até esfriar totalmente.

Unte com óleo uma fôrma de bolo inglês com capacidade para 1 kg e forre com filme de PVC. Retire a fava de baunilha do arroz. Bata o creme de leite até obter picos moles; junte algumas colheradas ao arroz, mexa e acrescente o restante.

Disponha um terço das frutas vermelhas no fundo da fôrma. Espalhe um terço do creme de arroz, batendo a fôrma sobre a superfície de trabalho para desfazer as bolhas de ar. Cubra com um terço da compota, espalhando em ondas. Faça novas camadas: um terço das frutas, um terço do arroz, mais um terço da compota, as frutas e o arroz restantes. Cubra com filme de PVC e leve ao freezer por 3-4 horas, ou por toda a noite. Retire 15 minutos antes de servir. Fatie com uma faca quente ou forme bolas com uma colher de sorvete. Sirva com a compota restante.

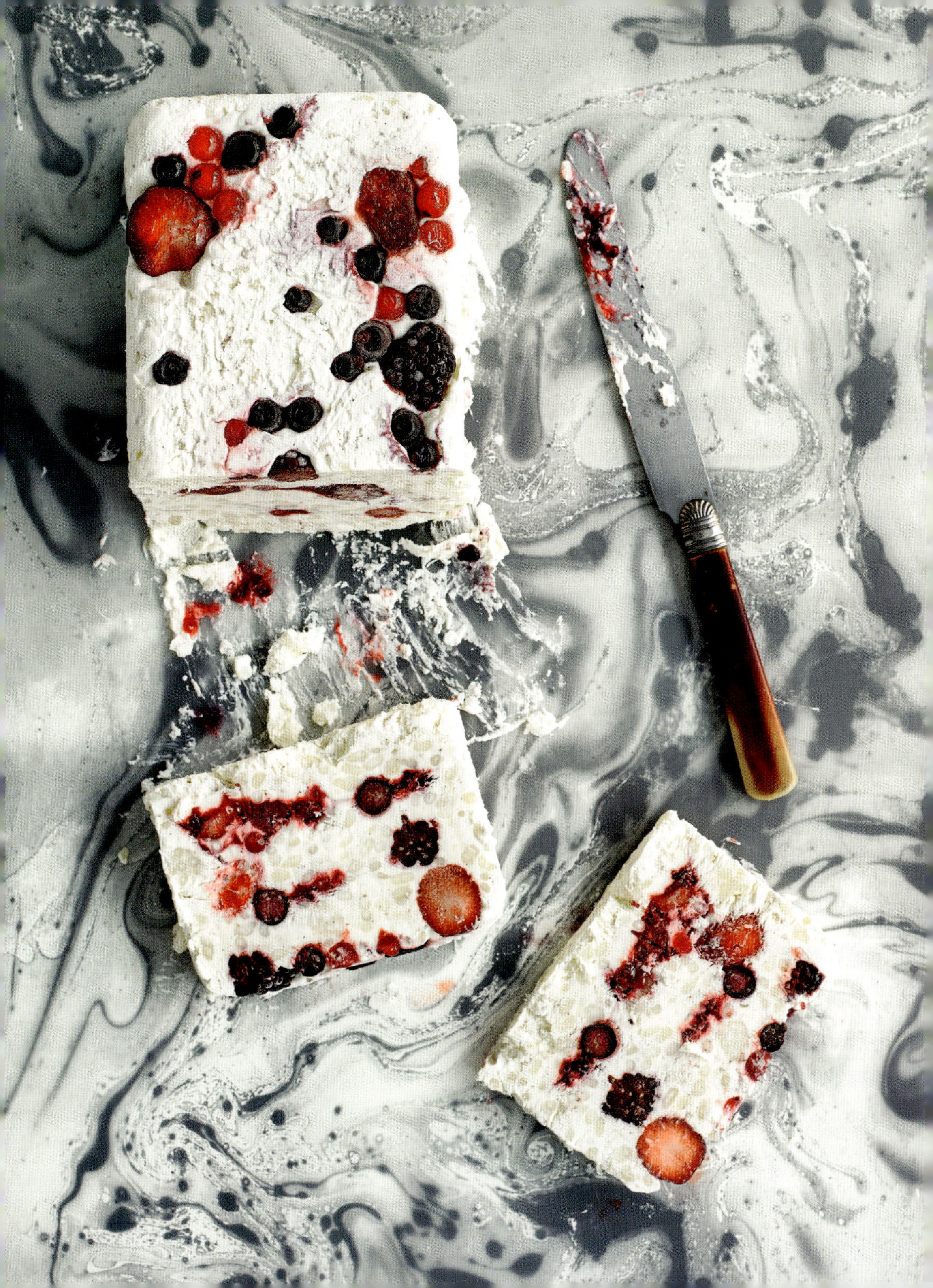

DOCE DE ARROZ PRETO E
BANANA CARAMELADA

Servido no café da manhã em alguns lugares do Sudeste Asiático, ele também é uma ótima sobremesa. O arroz preto fica *al dente* e tem um sabor amendoado que combina com a banana caramelada e o iogurte de coco.

2 porções

40 minutos, mais demolha

100 g de arroz glutinoso preto [ou arroz preto]
400 ml de leite de coco light
4½-5 colheres (sopa) de açúcar de palma ou de coco
3 colheres (sopa) de lascas de coco
2 bananas maduras cortadas em rodelas
iogurte de leite de coco [ou iogurte de coco], para servir
sal

Demolhe o arroz em água morna por pelo menos 30 minutos; escorra. Ferva 300 ml do leite de coco. Junte o arroz e uma pitada de sal, tampe e cozinhe por 25-30 minutos, ou até ficar macio. Acrescente 1½-2 colheres (sopa) de açúcar e o leite de coco restante. Tampe e reserve.

Em uma frigideira, toste as lascas de coco até dourar e transfira para uma vasilha. Na mesma frigideira, aqueça o açúcar restante com uma pitada de sal em fogo médio-alto. Quando derreter e borbulhar, junte a banana e cozinhe por 1-2 minutos de cada lado, até caramelar.

Sirva o doce morno com uma colherada de iogurte, a banana e as lascas de coco tostadas.

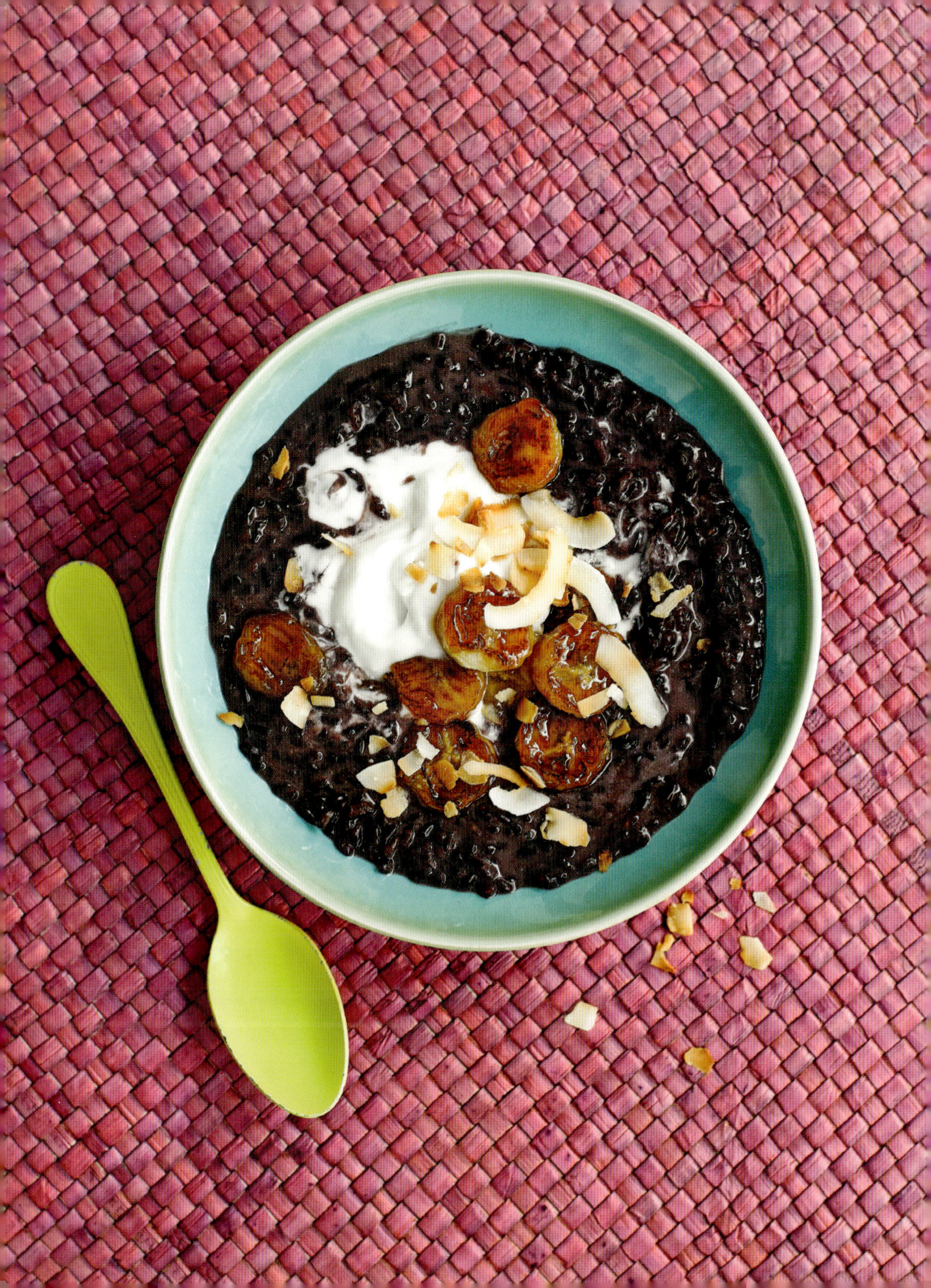

BOLINHO DE
RISOTO DOCE

Geralmente preparado para festividades, esse bolinho frito de risoto doce é uma iguaria da Toscana. Fica melhor quando é servido quente e crocante, direto da panela, passado em muito açúcar.

Cerca de 30 unidades

55 minutos, mais refrigeração

800 ml de leite integral, mais um pouco se necessário
100 g de arroz carnaroli
uma pitada de sal
óleo de girassol, para fritar
250 g de ricota escorrida
2 ovos, claras e gemas separadas
raspas de 1 laranja
75 g de mel
3 colheres (sopa) de rum
2 colheres (chá) de fermento em pó
100 g de farinha de trigo 00
100 g de açúcar

Em uma panela, ferva o leite, junte o arroz e o sal e cozinhe por 30-35 minutos, mexendo com frequência para não grudar no fundo. Os grãos devem ficar densos, macios e cremosos. Se necessário, junte um pouco mais de leite. Espere esfriar completamente e leve à geladeira por 3 horas, ou por toda a noite.

Encha metade de uma panela grande com óleo e leve ao fogo, para começar a aquecer. Forre uma assadeira com papel-toalha. Junte a ricota, as gemas, as raspas de laranja, o mel e o rum ao arroz; bata para incorporar, desfazendo os grumos. Acrescente o fermento e a farinha. Em outra vasilha, bata as claras em neve em ponto firme e adicione com delicadeza à massa de arroz.

Quando o óleo chegar a 180°C, frite colheradas cheias de massa por 3-4 minutos, virando com frequência. Retire com uma escumadeira e transfira para a assadeira forrada. Repita com a massa restante, passe os bolinhos no açúcar e sirva-os ainda quentes.

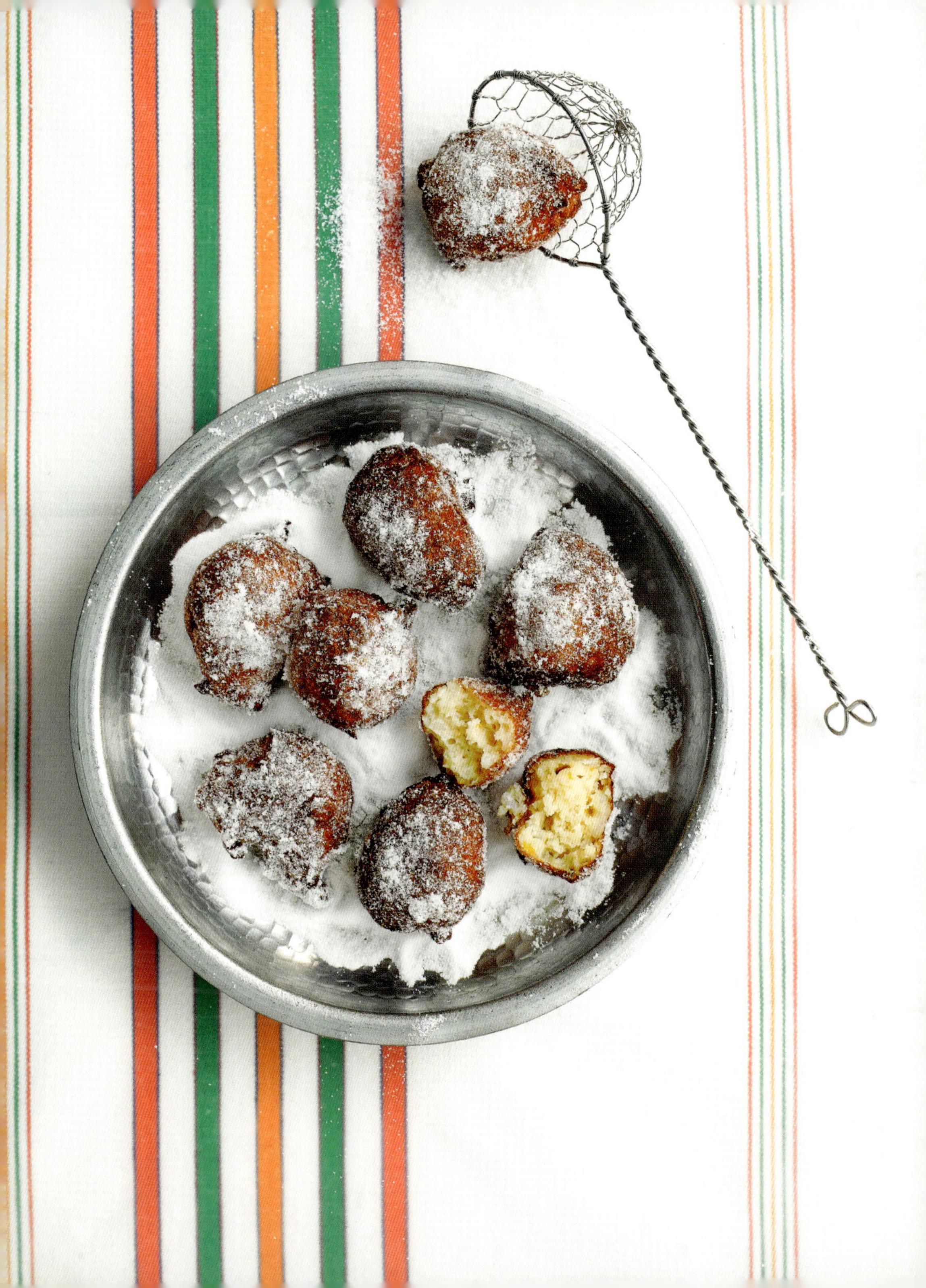

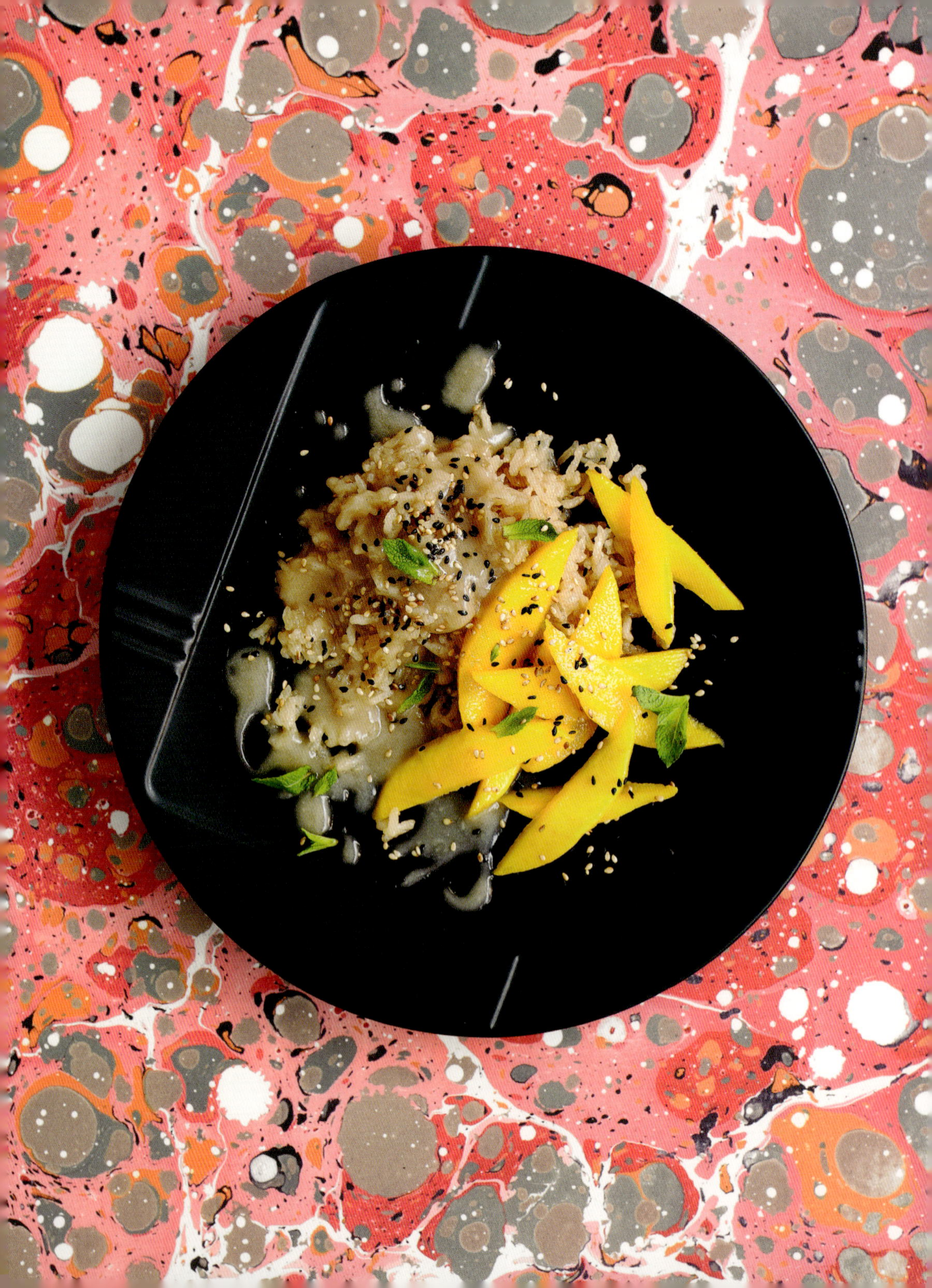

DOCE DE ARROZ, ★ COCO E MANGA

O açúcar de coco deixa o arroz com um sabor amanteigado e caramelado. Se preferir que os grãos fiquem brancos, use açúcar comum – mas junte 1 colher (sopa) de cada vez e prove, pois talvez não precise da medida toda. É importante haver equilíbrio entre o doce e o salgado.

🍴 4 porções

⏰ 50 minutos, mais demolha e resfriamento

200 g de arroz glutinoso
400 ml de leite de coco
55 g de açúcar de coco
160 ml de creme de coco*
1 colher (chá) de maisena
2 mangas maduras fatiadas
1 colher (sopa) de gergelim branco e preto tostados
algumas folhas pequenas de hortelã
sal

* Para o creme de coco, prepare primeiro o leite de coco caseiro: bata o coco fresco em pedaços com água morna e coe. Deixe na geladeira por cerca de 5 horas, e a gordura (o creme) se solidificará. Basta retirar com uma colher e guardar em potes de vidro esterilizados.

Demolhe o arroz em água fria por pelo menos 3 horas, de preferência durante a noite; escorra. Forre uma panela para cozimento a vapor com um pano fino. Coloque o arroz, tampe e cozinhe em banho-maria por 30 minutos. Retire do fogo e reserve, tampado, por 10 minutos.

Transfira o arroz para uma tigela. Aqueça o leite de coco com 45 g de açúcar de coco e uma pitada de sal. Quando o açúcar dissolver, espere ferver e despeje sobre o arroz. Tampe e mantenha em temperatura ambiente.

Na hora de servir, aqueça o creme de coco em uma panela pequena com o açúcar de coco restante [cerca de 2 colheres (chá)] e algumas pitadas de sal. Misture a maisena com 1 colher (sopa) de água fria e junte ao creme. Aqueça em fogo baixo até engrossar. Distribua o arroz entre os bowls com as fatias de manga ao lado, regue com o creme de coco adoçado e finalize com o gergelim e a hortelã.

POTINHO

★

PHIRNI

Essa sobremesa gelada do norte da Índia leva arroz basmati moído e cozido no leite. É tradicionalmente servida em tigelas de barro. Experimente adicionar polpa de frutas, como manga, antes de levar o doce frio à geladeira.

🍴 4 porções

⏰ 20 minutos, mais demolha e refrigeração

50 g de arroz basmati
525 ml de leite integral
2 pitadas de pistilos de açafrão
50 g de açúcar
¼ de colher (chá) de semente de cardamomo moída
uma pitada de sal
1½ colher (chá) de água de rosas libanesa

Para guarnecer
1 colher (sopa) de pistache laminado
1 colher (sopa) de amêndoa laminada
1 colher (chá) de pétalas de rosa secas

Demolhe o arroz em água fria por 30 minutos. Aqueça 2 colheres (sopa) de leite e hidrate o açafrão; reserve.

Escorra o arroz e coloque-o no processador com 2 colheres (sopa) de leite. Bata até moer finamente, mas retendo alguma textura. Em uma panela, ferva o leite restante, diminua o fogo, junte o arroz moído e comece imediatamente a mexer com um fouet. Depois de 3 minutos, acrescente o açafrão hidratado, o açúcar, o cardamomo e o sal. Bata sem parar por cerca de 7 minutos, enquanto borbulha e engrossa, até o leite reduzir pela metade – deve ficar com a consistência de um creme fluido.

Retire do fogo, adicione a água de rosas e distribua entre os bowls. Espere esfriar e leve à geladeira por cerca de 2 horas, até firmar. Finalize com o pistache, a amêndoa e as pétalas de rosa.

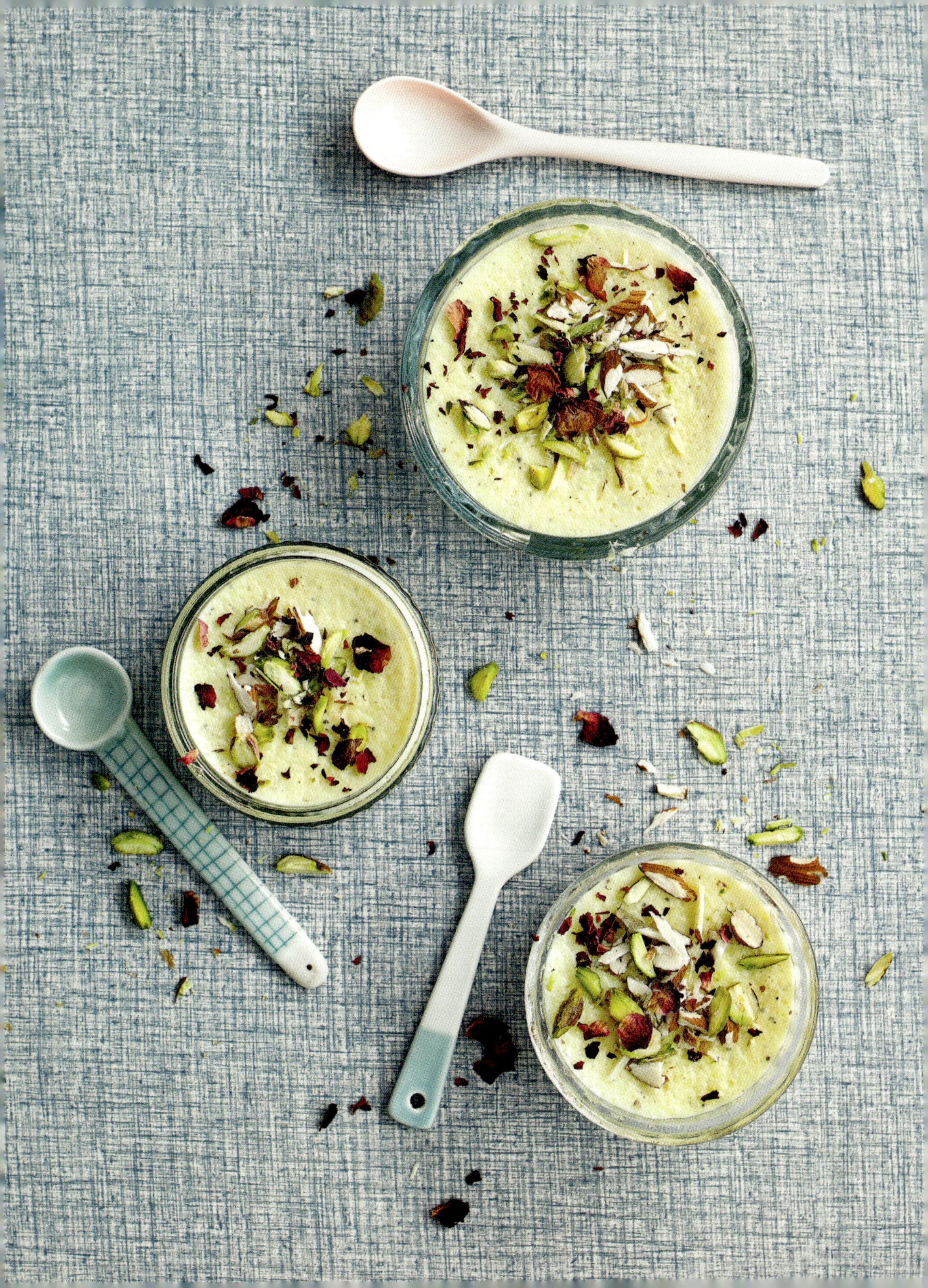

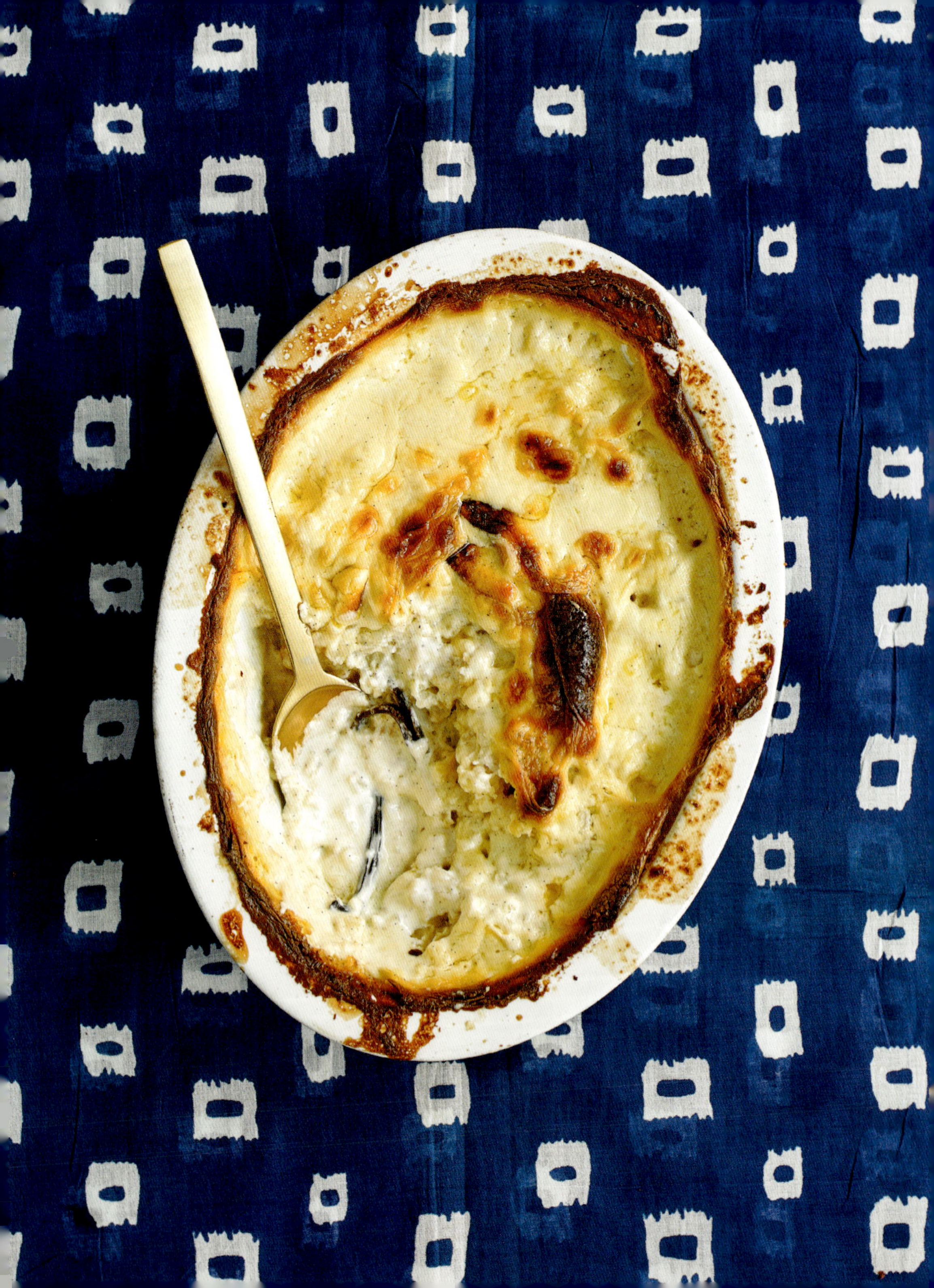

ARROZ-DOCE
★
DE FORNO

Você pode aumentar a temperatura do forno para assar mais rápido, mas os aromas que perfumam a casa durante o cozimento lento fazem a espera valer a pena.

🍴 6 porções

⏰ Cerca de 3 horas

800 ml de leite integral
300 ml de creme de leite fresco
sementes de 1 fava de baunilha
¼ de colher (chá) de noz-moscada ralada na hora
3 colheres (sopa) de açúcar
100 g de arroz branco de grão curto
25 g de manteiga, mais um pouco para untar
geleia de morango, para servir

Preaqueça o forno a 140°C. Em uma panela, aqueça o leite, o creme de leite, a fava e as sementes da baunilha, a noz-moscada e o açúcar. Espere ferver em fogo baixo, junte o arroz e misture.

Unte levemente com manteiga uma travessa refratária com capacidade para 1,2 litro. Encha com o arroz e espalhe a manteiga por cima. Asse por 30 minutos e mexa, recoloque no forno por mais 30 minutos e mexa novamente. Asse por mais 1h30-1h45, até o doce ficar macio e cremoso e dourar por cima. Se parecer muito mole, recoloque a travessa no forno por mais 15 minutos. Espere esfriar um pouco e sirva morno com colheradas de geleia de morango.

TORTA DE
★
ARROZ E CHOCOLATE

O arroz confere ao recheio uma textura incrível, levando essa torta de chocolate a outro patamar de gostosura.

10-12 porções

1h50, mais refrigeração

375 g de massa podre [p. 175]
farinha de trigo, para enfarinhar
500 ml de leite integral, mais um pouco se necessário
uma pitada de sal
100 g de arroz branco de grão curto
100 g de chocolate com 70% de cacau picado
150 ml de creme de leite fresco
1 colher (chá) de extrato de baunilha
85 g de açúcar
1 ovo e 2 gemas batidos juntos
cacau em pó, para polvilhar

Abra a massa em uma superfície enfarinhada e forre uma fôrma funda e redonda com 23 cm de diâmetro, deixando 1 cm de sobra. Fure a base com um garfo e leve à geladeira por 30 minutos, até firmar.

Em uma panela, ferva o leite com o sal. Junte o arroz e cozinhe em fogo baixo por 20-25 minutos, mexendo com frequência, até ficar macio e cremoso. Se necessário, acrescente um pouco mais de leite. Adicione o chocolate e deixe esfriar.

Preaqueça o forno a 200°C. Cubra a base de massa com papel-manteiga e alguns grãos de feijão crus, para dar peso. Asse por 20 minutos. Remova os grãos e o papel e recoloque a massa no forno por 10-15 minutos, até dourar. Use uma faca afiada para retirar as sobras de massa das bordas.

Adicione o creme de leite, o extrato de baunilha, o açúcar e os ovos ao arroz. Recoloque a massa no forno. Com a porta aberta, recheie com o doce de arroz e asse por 25-30 minutos, até firmar – o centro ainda estará oscilante. Deixe esfriar e leve à geladeira. Espalhe cacau em pó sobre a torta na hora de servir.

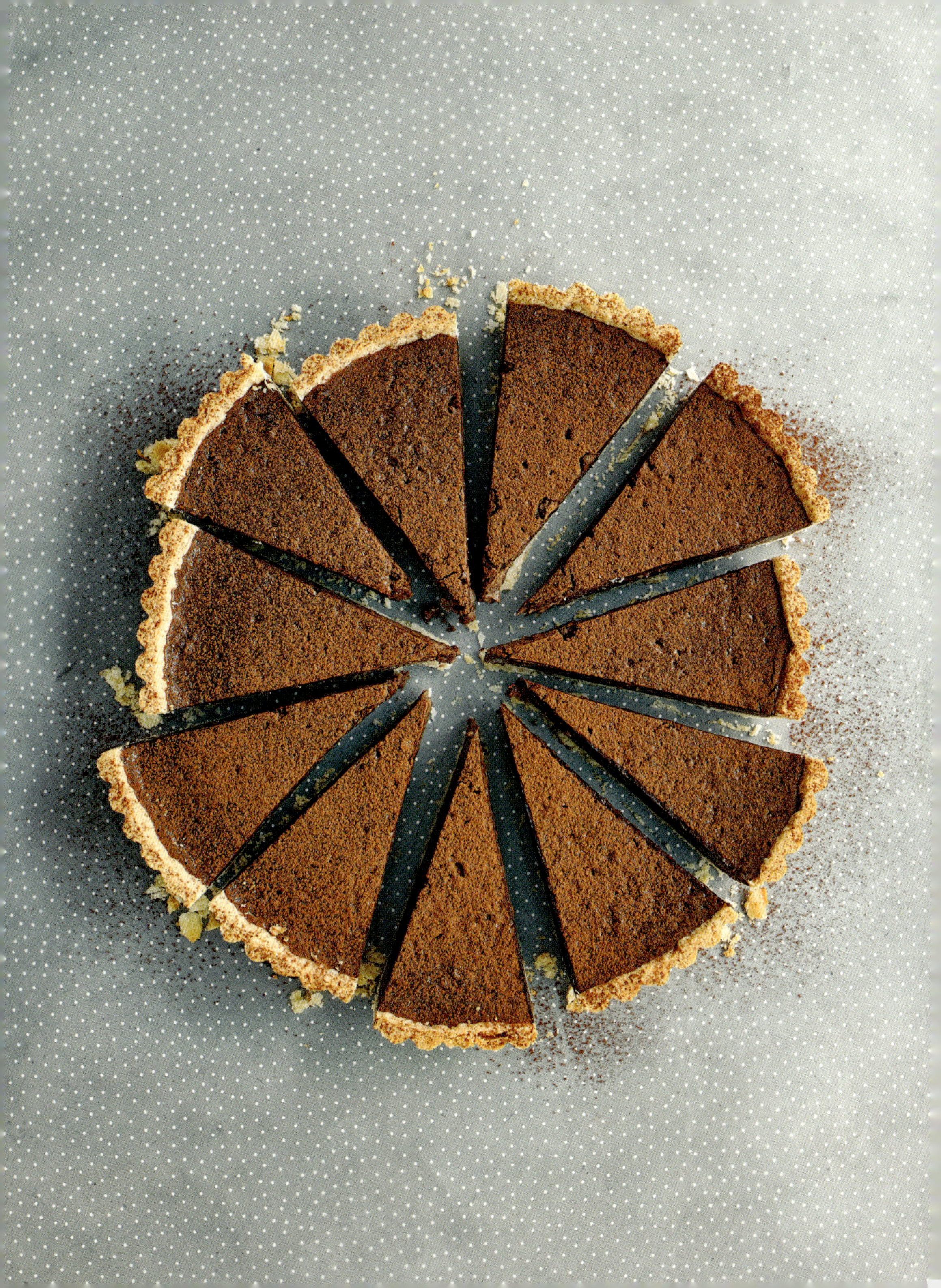

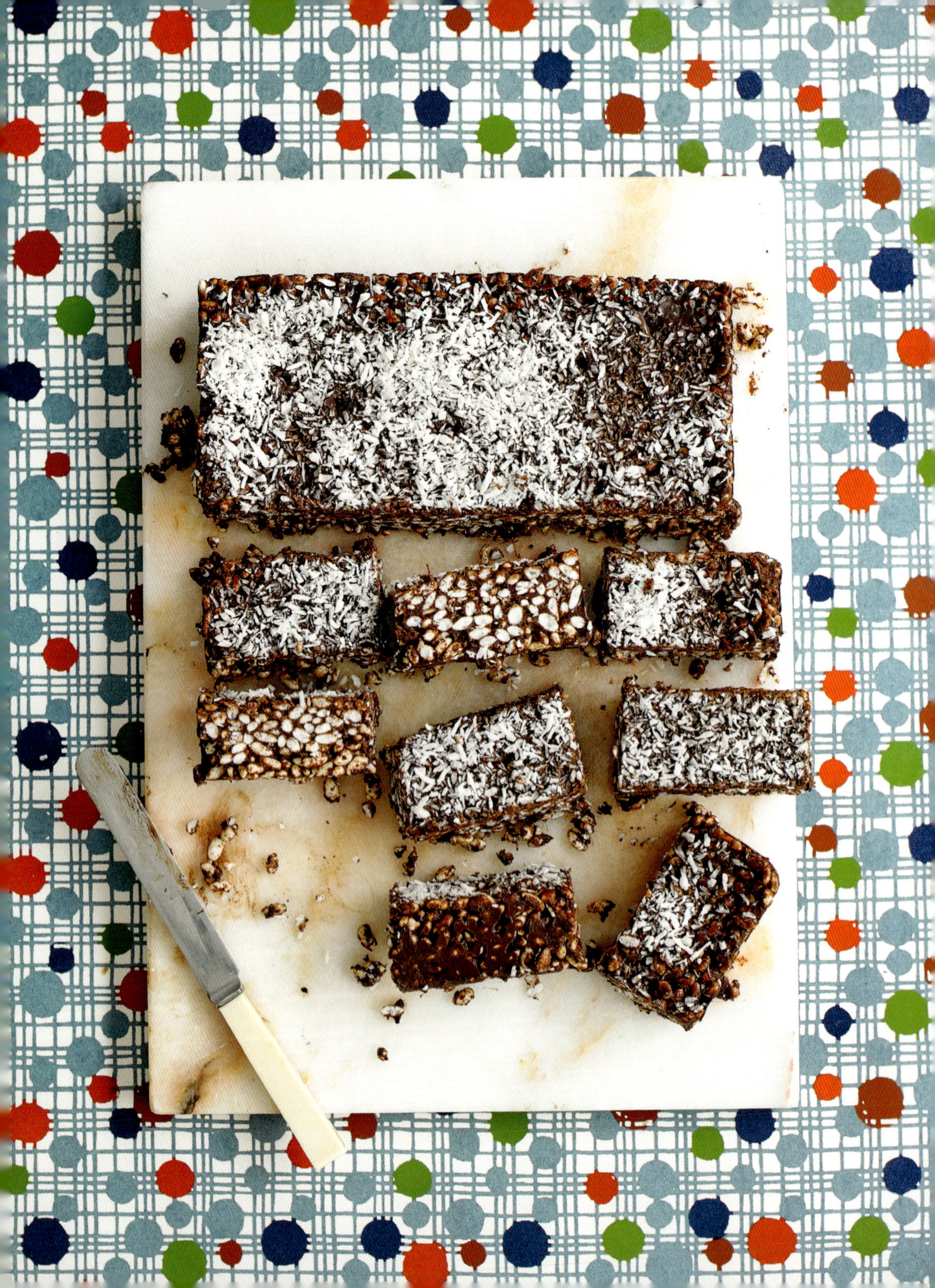

BARRINHA DE
★
ARROZ E CHOCOLATE

Essas barrinhas, gostosas e nutritivas, são um deleite para o lanche, uma opção às versões industrializadas.

15 unidades

20 minutos, mais refrigeração

150 g de flocos de arroz integral
2½ colheres (sopa) de óleo de coco
100 g de mel
125 g de pasta de amêndoa
3 colheres (sopa) de cacau em pó
uma pitada de sal
Para a cobertura
2½ colheres (sopa) de óleo de coco
200 g de chocolate com 70% de cacau
25 g de coco ralado finamente
sal marinho

Unte e forre com papel-manteiga uma assadeira de 20 cm x 20 cm. Coloque os flocos de arroz em uma tigela grande. Em uma panela pequena, aqueça o óleo, o mel, a pasta de amêndoa, o cacau e o sal, mexendo até ficar homogêneo. Despeje sobre os flocos de arroz e misture, para incorporar. Transfira para a assadeira e aperte bem firme com o dorso de uma colher, para nivelar. Leve à geladeira por 30 minutos.

Para a cobertura, misture o óleo e o chocolate e derreta até ficar homogêneo — para isso, use o micro-ondas ou aqueça em banho-maria em fogo baixo. Despeje sobre a massa gelada e finalize com o coco ralado e um pouco de sal. Leve à geladeira por 30 minutos, ou até ficar firme, e corte em barras.

ÍNDICE

A

abacaxi: arroz frito com abacaxi e gengibre 138
abóbora-cheirosa: sopa mulligatawny 62
abóbora-menina: abóbora recheada com grão-de-bico e arroz 102
abobrinha: arroz de forno com abobrinha 95
   salada de arroz com pesto 36
açafrão: arroz asiático biryani de cordeiro 92
   arroz colorido 124
   arroz com açafrão ao estilo persa 144
   arroz com frutos do mar 115
   bolinho de risoto arancine 44
   potinho phirni 164
acelga-chinesa: arroz frito com abacaxi e gengibre 138
   arroz indonésio nasi goreng 88
alcachofra: arroz espanhol defumado 108
alho: molho alioli 98
alho-poró: arroz pilafe picante 76
almôndega com arroz in brodo 49
aloo gobi tahari 104
amêndoa: arroz colorido 124
amendoim: petisco temperado de flocos de arroz 55
arroz, tipos de: agulhinha 10
   arbório 9
   basmati 9-10
   carnaroli 9
   de grãos curtos 11
   glutinoso 9
   integral 10, 11
   japonês 11
   jasmim 10
   para paella 10
   para sobremesa 9
   para sushi 11
   parboilizado 11
   preto 11
   selvagem 10
   vermelho de Camargue 11
arroz-doce: arroz-doce de forno 167
   arroz-doce brûlée com mirtilo 150

arroz vermelho: galeto recheado com arroz vermelho 120
   salada de arroz vermelho 24
aspargo: arroz pilafe picante 76
atum: salada de atum e arroz 27
avocado: bowl de arroz, avocado e salmão 18
   bowl de burrito e chipotle 23
   rolinho vietnamita 56
   salada de arroz vermelho 24
azeitona: arroz de forno com frango à marroquina 101

B

bacon: arroz com frutos do mar 115
   arroz de forno à moda maltesa 107
   arroz de forno festivo 128
banana: doce de arroz preto e banana caramelada 158
barrinha de arroz e chocolate 171
batata: aloo gobi tahari 104
   torta de arroz maghluba 112
berinjela: salada de arroz com pesto 36
   salada de berinjela com molho de romã 41
   torta de arroz maghluba 112
bibimbap, bulgogi 80-2
biryani de cordeiro, arroz asiático 92
bolinho: bolinho de arroz com queijo 50
   bolinho de risoto arancine 44
   bolinho de risoto doce 160
   bolinho oniguiri yaki 46
bowl de burrito e chipotle 23
bulgogi bibimbap 80-2
burrito: bowl de burrito e chipotle 23

C

camarão: arroz com frutos do mar 115
   arroz frito à moda de Yangzhou 141
   arroz indonésio nasi goreng 88
   rolinho vietnamita 56
caramelo: arroz-doce brûlée com mirtilo 150
   doce de arroz preto e banana caramelada 158

carne bovina: couve-lombarda recheada 111
   arroz de coco com carne tai 38
   almôndega com arroz in brodo 49
   arroz de forno à moda maltesa 107
   bulgogi bibimbap 80-2
carne suína: salada asiática com carne suína 35
   couve-lombarda recheada 111
cebola: arroz asiático biryani de cordeiro 92
   arroz mjadra 137
   arroz pilafe com cardamomo 134
   bolinho indiano pakora de arroz 52
   charutinho de folha de uva 60
   salada de cebola roxa e alcaparra 95
chocolate: barrinha de arroz e chocolate 171
   torta de arroz e chocolate 168
coco: barrinha de arroz e chocolate 171
   petisco temperado de flocos de arroz 55
coentro: arroz verde mexicano 133
cogumelo: arroz frito à moda de Yangzhou 141
   bulgogi bibimbap 80-2
   risoto de cogumelo 79
   torta russa coulibiac de salmão 83-4
cordeiro: arroz asiático biryani de cordeiro 92
   arroz de forno albanês 96
   pimentão recheado 74
couve-flor: aloo gobi tahari 104
couve-toscana: almôndega com arroz in brodo 49
cranberry: arroz colorido 124
   arroz de forno festivo 128
curry: aloo gobi tahari 104
   arroz ao curry 20
   arroz asiático biryani de cordeiro 92
   arroz colorido 124
   arroz de forno à moda maltesa 107
   arroz kedgeree 70
   sopa mulligatawny 62

D

damasco: arroz ao curry 20
   arroz de forno com frango à marroquina 101

E

erva-doce: arroz espanhol defumado 108

ervilha: risi e bisi 68
ervilha-torta: salada de arroz vermelho 24
espinafre: arroz verde mexicano 133
   bulgogi bibimbap 80-2
   torta de arroz maghluba 112
   tortinha spanakopita 91

F

fava: arroz pilafe picante 76
feijão-preto: bowl de burrito e chipotle 23
   gallo pinto 130
feijão-roxinho: arroz com feijão moros y cristianos 142
flocos de arroz integral 11
folha de uva: charutinho de folha de uva 60
frango: arroz à moda de Hong Kong 116
   arroz de forno com frango à marroquina 101
   arroz jambalaya 73
   bowl de burrito e chipotle 23
   salada slaw de arroz e frango 30
   "sanduíche" de arroz onigirazu de frango 59
   sopa avgolemono 65
frutas vermelhas: sorvete de arroz com frutas vermelhas 156

G

galeto recheado com arroz vermelho 120
gallo pinto 130
gergelim: bolinho oniguiri yaki 46
gruyère: arroz de forno com abobrinha 95

I

iogurte: arroz de forno albanês 96

L

laranja: torta di riso 155
leite de coco: arroz com coco, limão e capim-santo 147
   arroz com feijão moros y cristianos 142
   arroz de coco com carne tai 38
   doce de arroz, coco e manga 163
   doce de arroz preto e banana caramelada 158

lentilha: arroz mjadra 137
lentilha vermelha: arroz com limão-siciliano 127
    sopa mulligatawny 62
limão-siciliano: arroz com limão-siciliano 127
    sopa avgolemono 65
linguiça: arroz com frutos do mar 115
    arroz jambalaya 73
lula: arroz negro com lula e molho alioli 98

M

maçã: arroz de forno festivo 128
manga: doce de arroz, coco e manga 163
    salada slaw de arroz e frango 30
marsala: torta di riso 155
mascarpone: arroz-doce brûlée com mirtilo 150
    risoto de cogumelo 79
mexilhão: arroz com frutos do mar 115
milho-verde: arroz preto mexicano 32
mjadra, arroz 137
molho alioli, arroz negro com lula e 98
moros y cristianos, arroz com feijão 142

N

nasi goreng, arroz indonésio 88

O

oniguiri yaki, bolinho 46
ovo: arroz frito à moda de Yangzhou 141
    arroz kedgeree 70
    sopa avgolemono 65

P

pancetta: risi e bisi 68
panela de barro 116
papel de arroz: rolinho vietnamita 56
peça: arroz de forno festivo 128
pêssego: pêssego assado e arroz con leche 152
pesto: salada de arroz com pesto 36
petisco temperado de flocos de arroz 55
pilafe: arroz pilafe picante 76
    arroz pilafe com cardamomo 134
pimentão: arroz ao curry 20

arroz espanhol defumado 108
arroz jambalaya 73
arroz jollof 119
gallo pinto 130
pimentão recheado 74
salada de arroz com pesto 36
pinhole: charutinho de folha de uva 60
    pimentão recheado 74
    torta di riso 155
pistache: arroz colorido 124
phirni, potinho 164
presunto cru: bolinho de risoto arancine 44
    galeto recheado com arroz vermelho 120

Q

queijo: arroz de forno à moda maltesa 107
    arroz de forno com abobrinha 95
    arroz preto mexicano 32
    bolinho de arroz com queijo 50
    bolinho de risoto arancine 44
    salada tabule com arroz 28
    tortinha spanakopita 91
    ver também mascarpone; ricota

R

rabanete: salada de arroz vermelho 24
repolho roxo: salada slaw de arroz e frango 30
ricota: bolinho de risoto doce 160
    couve-lombarda recheada 111
    galeto recheado com arroz vermelho 120
risi e bisi 68
risoto: bolinho de risoto doce 160
    risoto de cogumelo 79
robalo: arroz jollof 119
rolinho vietnamita 56

S

salada: arroz preto mexicano 32
    bowl de arroz, avocado e salmão 18
    bowl de burrito e chipotle 23
    arroz de coco com carne tai 38
    arroz ao curry 20
    salada asiática com carne suína 35
    salada de arroz vermelho 24
    salada de berinjela com molho de romã 41

salada de cebola roxa e alcaparra 95
salada de atum e arroz 27
salada slaw de arroz e frango 30
salada tabule com arroz 28
salmão: torta russa coulibiac de salmão 83-4
salmão defumado: bowl de arroz, avocado e salmão 18
salsa: arroz verde mexicano 133
"sanduíche" de arroz onigirazu de frango 59
sopa: almôndega com arroz in brodo 49
    sopa avgolemono 65
    sopa mulligatawny 62
sorvete de arroz com frutas vermelhas 156

T

tahari, aloo gobi 104
tofu: arroz chinês congee com tofu 87
tomate: arroz de forno à moda maltesa 107
    arroz de forno com frango à marroquina 101

arroz jambalaya 73
arroz jollof 119
couve-lombarda recheada 111
torta de arroz maghluba 112
torta de arroz e chocolate 168
torta di riso 155
torta de arroz maghluba 112
tortas salgadas: torta de arroz maghluba 112
    torta russa coulibiac de salmão 83-4
    tortinha spanakopita 91

U

uva-passa: arroz colorido 124
    petisco temperado de flocos de arroz 55
uva-passa branca: torta di riso 155

V

vôngole: arroz com frutos do mar 115

Notas:

p. 23 [sour cream]
O sour cream pode ser encontrado em mercados. Para fazê-lo em casa, bata vigorosamente, com fouet ou mixer, 1 colher (sopa) de suco de limão para cada xícara (chá) de creme de leite fresco.

p. 35 [echalota]
A echalota é um tipo de cebola com sabor levemente adocicado e mais suave. Caso não a encontre, substitua por cebola-pérola ou cebola roxa, nesse caso em menor quantidade que a pedida na receita.

p. 92 [tikka masala]
Bata no liquidificador, até obter uma pasta: 2 dentes de alho, 1 colher (sopa) de gengibre, 2 colheres (chá) de garam massala, 1 colher (chá) de pimenta-de--caiena, 1 colher (chá) de páprica, 1 colher (chá) de semente de coentro tostada, 1 colher (chá) de semente de cominho tostada, 1 colher (chá) de sal grosso, 2 colheres (sopa) de óleo de amendoim, 2 colheres (sopa) de polpa de tomate, 2 pimentas--malaguetas, ½ maço de coentro, 2 colheres (sopa) de amêndoa sem pele e 1 colher (sopa) de coco ralado.

p. 101 [pasta de harissa de rosas]
Hidrate 25 g de pimenta-malagueta e 2 colheres (sopa) de pétalas de rosa desidratadas. Toste 2 colheres (chá) de semente de cominho, 2 colheres (chá) de semente de coentro, 2 colheres (chá) de kümmel, 2 dentes de alho, 1½ colher (chá) de páprica. Junte tudo no processador e acrescente 2 pimentões vermelhos sem sementes, 75 ml de azeite extravirgem, ¼ de xícara (chá) de tomate seco escorrido e 2 tâmaras secas descaroçadas. Bata até obter uma pasta.

p. 168 [massa podre]
Peneire 340 g de farinha de trigo, uma pitada de sal e 6 colheres (sopa) de açúcar. Adicione 170 g de manteiga em cubos e faça uma farofa. Junte aos poucos 6 colheres (sopa) de água, amassando até ficar quebradiça. Com as pontas dos dedos, trabalhe até obter uma massa lisa e uniforme. Sove com cuidado, sem amassar demais, apenas até ficar homogênea. Se estiver seca, adicione mais água. Envolva a massa em filme de PVC e conserve na geladeira por, no mínimo, 30 minutos antes de usá-la.

OBRIGADA

À minha família e amigos, por serem os principais degustadores de minhas receitas, e a Tom, por nunca reclamar das toneladas de arroz que teve de comer.

A Alex Luck, pelas lindas fotografias, e Alexander Breeze, pela maravilhosa produção de objetos. A Sarah Lavelle e todo o pessoal da Quadrille, por tornar este livro possível, em especial Gemma Hayden, Harriet Butt, Helen Lewis, Corinne Masciocchi, Tom Moore e Vincent Smith.

Emily